COACHING NO DNA

ESPECIALISTAS COMPARTILHAM ABORDAGENS, ESTRATÉGIAS E FERRAMENTAS UTILIZADAS NOS PROCESSOS DE COACHING

COORDENAÇÃO EDITORIAL
**MÁRCIA RIZZI
CLARICE SANTANA**

Literare Books
INTERNATIONAL
BRASIL · EUROPA · USA · JAPÃO

Copyright© 2019 by Literare Books International.
Todos os direitos desta edição são reservados à Literare Books International.

Presidente:
Mauricio Sita

Vice-presidente:
Alessandra Ksenhuck

Capa:
Lucas Chagas

Diagramação:
Paulo Gallian

Revisão:
Camila Oliveira, Elza Dohring, Sueli dos Santos e Rodrigo Rainho

Diretora de projetos:
Gleide Santos

Diretora executiva:
Julyana Rosa

Relacionamento com o cliente:
Claudia Pires

Impressão:
ANS

Dados Internacionais de Catalogação na Publicação (CIP)
(eDOC BRASIL, Belo Horizonte/MG)

R627c   Rizzi, Márcia.
       Coaching no DNA / Márcia Rizzi, Clarice Santana. – São Paulo, SP: Literare Books International, 2019.
       16 x 23 cm

       ISBN 978-85-9455-186-3

       1. Assessoria empresarial. 2. Assessoria pessoal. I. Santana, Clarice. II. Título.

CDD 658.407124

Elaborado por Maurício Amormino Júnior – CRB6/2422

Literare Books International Ltda.
Rua Antônio Augusto Covello, 472 – Vila Mariana – São Paulo, SP.
CEP 01550-060
Fone/fax: (0**11) 2659-0968
site: www.literarebooks.com.br
e-mail: contato@literarebooks.com.br

Introdução

Coaching no DNA

"Somos uma comunidade de *coaches* que primam pela excelência através do aprendizado contínuo."
Clarice Santana

Este livro surgiu a partir da interação diária de profissionais em um grupo de *WhatsApp* durante 3 anos. Dessa forma, eles se apoiam mutuamente e, muitos, sequer se conhecem pessoalmente.

Criado por Clarice Santana, *Coaching no DNA* agrupa *coaches* que buscam se desenvolver juntos e hoje conta com 230 participantes do país todo.

Márcia Rizzi, que já é parceira da Editora Literare Books International em outros livros, levou a ideia de juntos registrarem suas experiências no desenvolvimento de processos de *coaching*, e contou com o apoio imediato de Clarice. Nossa gratidão à Clarice e a todos os colegas *coaches* que nos deram um voto de confiança participando desta obra.

Para muitos dos coautores, esta é a primeira experiência em publicação, o que aproxima este livro da realização de um sonho que foi sonhado junto! Foram meses de conversas, desde o tema que cada um abordaria até o planejamento das noites de autógrafos. Ao longo desta jornada um participante incentivou o outro, a exemplo do que praticamos diariamente com nossos *coachees*, empoderamento e reconhecimento de que podemos transformar sonho em realidade. Nesta fase, a Editora Literare, por meio de seu presidente Mauricio Sita e da gerente de projetos literários Gleide Santos, foi fundamental, tanto no esclarecimento das inúmeras dúvidas, assim como no incentivo. A eles e a toda a equipe da Editora Literare, nosso reconhecimento e gratidão!

Nestas páginas, você, leitor, encontrará a essência dos processos de *coaching* na prática. Trouxemos para cá as bases teóricas do *coaching*, tais como: Psicologia Positiva, Programação Neurolinguística, Física Quântica, Administração, Neurociência, Ciência da Felicidade, Ciência da Esperança, ferramentas e *cases*. Abordamos: Autoconhecimento, Liderança, Comunicação, Inteligência Emocional, Relacionamento Interpessoal, experiência de vida e inúmeros outros temas que acrescentarão ao seu desenvolvimento pessoal e profissional. Ah, sim! Há também muito amor. Estas páginas transbordam de amor, comprometimento, profissionalismo e respeito à atividade de desenvolver pessoas!

Gratidão a você, leitor. Seu interesse é nosso incentivo para enfrentar a nós mesmos e nos sentir humildemente vitoriosos com esta publicação.

Pirassununga – SP, junho de 2019.
Márcia Rizzi

Coaching no DNA

Sumário

Carreira *by branding*.. 9
Ana Silvia Lepri

Faça sua escolha e pague o preço 17
A. Bogdan

Aprendendo a ser mente sábia: como tornar-se um "ser humano" em vez de um "fazer humano".......................25
Clarice Santana

Liderança 4.0: o perfil do novo gestor de talentos 33
Claudine Hudson

E quando o envelhecimento chegar?............................ 41
Denis Gaspar

***Coaching* para o desenvolvimento da liderança**........... 49
Denise Oldani Silva

O processo de *coaching* requer força de vontade para atingir a superação 57
Eliza Furucaba

Transforme-se a fim de melhor transformar o outro...63
Giani Savi

3P's: positividade, produtividade e prosperidade........ 71
Gilmara Marinho

A arte de influenciar pessoas – como ser luz em um mundo repleto de escuridão... 79
Guilherme Ferrari

***Coaching* parental – dialogando com o coração: do medo ao amor** 87
Janay Cozendey

Como ter um negócio lucrativo sem precisar trabalhar mais de 14 horas por dia.. 95
Karina Ikeda

Muito além da escuta ativa: ferramentas de expansão da consciência para o *autocoaching*........................... 103
Lilian Mendanha

Verdades sobre empreender... 111
Lucia Quintino

Sim ou não? Uma provocação ousada ou uma nova visão sistêmica?.. 119
Marcelo Fernandes David de Lima

O *coaching* e a carreira de sucesso............................ 127
Márcia do Nascimento Morais McCloghrie

***Coaching* no DNA**.. 133
Márcia Rizzi

O *coaching* de equipe no desenvolvimento de times e equipes de trabalho 139
Mariza Junqueira

A importância do desenvolvimento pessoal e profissional nas organizações.........................147
Marta França

Trabalho com propósito.................................155
Nivia Maria Raymundo

Sou protagonista, e você?.............................163
Renata Maria Dias Andrade

Coaching* empresarial: a construção da alta *performance...169
Renata de Araujo Santana

Como criar um plano de carreira próprio infalível.....177
Thais Lima

Estratégias de *coaching* para o sucesso profissional..185
Thalita Lopes

Inteligência emocional com *coaching*.......................193
William Foguel

Que tal ser mais feliz?.....................................201
Yara Furbino

Coaching no DNA

Capítulo 1

Carreira *by branding*

Qual o maior desafio das carreiras no futuro? Será que o seu sucesso depende de suas habilidades e competências? O que faz você se diferenciar e conquistar um posicionamento efetivo? Como ser um *coach* referência e impactar, verdadeiramente, a vida dos seus *coachees*? Com a minha experiência em consultoria corporativa em *branding* e *coaching* de carreira, trago algumas reflexões ao meu colega *coach* que desejar marcar sua carreira de forma impactante.

Ana Silvia Lepri

Coaching no DNA

Ana Silvia Lepri

Formação acadêmica e especializações realizadas nas instituições e cursos: ESPM (Escola Superior de Propaganda e Marketing – *marketing*, gestão estratégica e *branding*); PUC (Pontifícia Universidade Católica – gestão de pessoas e carreira); IMS (*master coaching* de carreira); *Extended* e *Solides* (analista comportamental); SBC (Sociedade Brasileira de Coaching – formação em *coaching*). Desde 1993, está à frente da consultoria empresarial Ana Lepri, que atua com consolidada experiência em desenvolvimento de profissionais e empresas em gestão de *branding*, carreira e *assessments*, em diversos segmentos de negócios no mercado nacional.

Contatos
analepri.com.br
analepri@analepri.com.br
(19) 99677-1008

Ana Silvia Lepri

Neste momento em que as mudanças no âmbito profissional nunca foram tão radicais e inusitadas, existe uma questão que, diariamente, é apresentada pelos meus clientes que desejam realizar um plano estratégico de carreira: "qual o referencial para direcionar e posicionar corretamente o meu futuro profissional?". E o que eles desejam com a minha resposta? Uma orientação de como obter sucesso e posicionamento diferenciado em suas carreiras ou no meio em que atuam ou desejam atuar. Pois bem, é sobre isso que venho conversar com você, colega *coach* ou profissional, que deseja encontrar o seu espaço e sucesso neste momento em que a única certeza que temos é a mudança.

O caminho certo para essa conquista é ter base na sua essência. Por esse motivo, o *branding* profissional é fundamental no processo de carreira, tendo em vista que, efetivamente, o levará para o futuro de forma certa e única.

Mesmo com tamanha tecnologia e inovação em 2019, deparo-me com o que vivenciei há aproximadamente 30 anos: profissionais fazendo as mesmas coisas e da mesma forma.

Iniciei a minha carreira em *marketing*, em 1993, quando não fazia sentido para mim aquelas campanhas milionárias e maravilhosas que não penetravam nas empresas enquanto cultura, comportamento e atitudes. As organizações não eram o que vendiam, ou seja, não eram suas marcas.

Foi nesse período que iniciei uma metodologia, ainda com base no planejamento de marcas empresariais, produtos e serviços. Posteriormente, cheguei ao *branding* com o objetivo de disponibilizar às empresas um sistema para que pudessem ser o que vendiam, evoluindo para um direcionamento de carreiras.

Na época, também fui atraída pelo meu próprio método, pois os formatos padrões de trabalho não me atendiam. Percebi que meus objetivos de vida pessoal tinham fundamental importância para minha realização. Resolvi sair da ponte aérea e iniciei uma consultoria para empresas em que eu pudesse estabelecer minhas diretrizes de trabalho. Experimentei o pioneirismo do trabalho *home office*, ainda com a *internet* precária, e fui para vida sendo a *"marca que eu queria marcar"*.

Coaching no DNA

Hoje, quero compartilhar a chave do sucesso com vocês.
Primeiramente, precisamos entender alguns elementos básicos para essa gestão chamada *branding*.

O que é ser profissional *by branding*?

Uma pessoa que está em sua vocação correta, busca ou possui todas as competências necessárias para cumprir com seu propósito e assim impactar o meio em que atua, alinhada com a sua essência, de forma original.

Quando falamos de marca e, portanto, introduzimos valor, não estamos nos referindo à profissão como centro, mas, sim, à dinâmica de relacionamento criada entre o trabalho e o seu meio. A profissão é uma ferramenta utilizada em um determinado momento, com estrutura funcional, visando colocar em ação a sua missão e propósito, a fim de obter resultados mercadológicos e financeiros. Fica claro que a marca é o resultado de um processo dinâmico.

O que é marca by *branding*?

Vamos colocar alguns parâmetros para que você possa estabelecer o seu entendimento de marca, tendo em vista que a sua definição, muitas vezes, depende também da estratégia do negócio.

Marca é essência e é única;

Marca não é somente um nome ou uma forma gráfica que tenha uma representação visual;

Marca não é apenas um instrumento de *marketing*;

Marca não é uma imagem que agrada ao *target* a respeito do seu produto ou serviço;

Marca é atitude e possui diretrizes;

Marca é aquilo que estabelece o que você veio proporcionar, de forma diferenciada, a respeito do resultado esperado para quem irá atrair para esse campo magnético que ela produz, quando estruturada com seus verdadeiros atributos.

Essência é a alma da marca, é o propósito que inspira a pessoa em sua missão. Por isso, a marca é intangível, comportamental, sendo uma maneira de pensar e agir, levando a determinar a sua verdadeira identidade.

É fundamental que um profissional domine o autoconhecimento, estabeleça o seu planejamento estratégico, para que depois possa ativar essa marca que vem de dentro para fora.

Agora, sim, entramos na essência para você marcar a sua marca!!

O que é *branding by branding*?

Antes de mais nada, é fundamental que se entenda o *branding*, ainda hoje é uma ciência nova para muitos. Na verdade, possui diversas definições, pois depende da vocação e atuação do negócio. O *branding* é a fusão da estratégia do negócio com a estratégia da marca, de forma que proporcione o maior impacto ao resultado esperado.

O *branding* profissional segue a mesma linha de raciocínio voltado aos profissionais e/ou equipes. Os fundamentos básicos para uma estratégia de marca são: visão sistêmica do cenário global de atuação e seus conceitos de gestão da cultura e estratégia da marca voltados para o profissional e sua carreira.

Como podemos justificar e simplificar o *branding* para uma carreira profissional? *"Um plano estratégico de carreira precisa ter uma identidade que justifique a sua existência!"*.

Assim ocorre com os *coaches*. Simplesmente atuar nesse nicho talvez não traga a razão de ser de sua identidade e personalidade.

Como ter uma carreira de *coach by branding*?

Nós, *coaches*, somos prestadores de serviços, e isso é intangível, menos concreto; temos que administrar os valores que permeiam as relações, inventando e reconstruindo todo dia fundamentados em pessoas. Nesse sentido, a marca passa a ser o grande referencial para construir esses relacionamentos.

A minha sugestão aos colegas *coaches* é que os seus interesses jamais fujam da sua identidade, que é a sua visão e propósito que irá mover o que verdadeiramente você deseja proporcionar ao mundo. O valor da sua marca está relacionado ao resultado futuro que ela é capaz de garantir a longo prazo.

O que é autenticidade *by branding*?

Atualmente, quando olho para os comportamentos profissionais e planos de carreira, vejo como se todos vestissem um uniforme padronizado, realizassem as mesmas formações, especializações e caminhassem com a mesma bagagem, com o mesmo plano para chegar ao mesmo lugar, gerando concorrência.

Será que temos somente as mesmas opções? Assim tanto faz você ir a um lugar ou a outro. Será tudo igual? E a hora que alguém criar algo diferente, os demais correm atrás, fazendo as mesmas coisas? Isso não parece hilário, sabendo que o ser humano é extremamente criativo, inovador e pode ser original?

Por que será que acreditamos que fazer igual ao outro é sinônimo de sucesso? Será que "copiar" a receita de alguém de sucesso nos trará realização profissional e pessoal também?

Com o passar do tempo e atuando diretamente com a alavancagem de equipes e profissionais, evoluí a metodologia para *branding* profissional, a qual hoje vem revolucionando a carreira de meus clientes.

Coaching no DNA

Não tenho a intenção de traçar o método neste momento, pois isso levaria alguns livros. Porém, quero dividir com você que, com frequência, recebo profissionais com currículos belíssimos e dignos de sucesso, mas que não conseguem alavancar suas carreiras. Procuro deixar claro para eles que os processos de carreira não estão apoiados apenas nas competências conquistadas, mas, sim, na criação de seu posicionamento correto.

Pela minha experiência, concluí que muitos sonham e idealizam um posicionamento de marca inusitado e com *recall* de alto nível e impacto, mas somente a minoria se esforça em minimizar a sua fragilidade, acessar suas fortalezas ao ponto de transformá-las em atributo de marca efetivamente.

Branding não é somente solução para alta *performance*, mas é a sua essência vinculada a uma estrutura de gestão. Você pode até ter visão, boas ideias e competências, porém à medida que o seu negócio alavancar, somente uma identidade autêntica o sustentará, permitindo que você seja o seu melhor!

Acredito que muitos dos colegas *coaches* que estão lendo este texto estejam passando por isso. Diariamente são bombardeados com vendas de cursos e soluções milagrosas que fazem com que se sintam frustrados, percebendo-se incapazes de sair do mesmo lugar, apesar de todo conhecimento adquirido. Contudo, não se iluda! Não existe um lugar igual para ninguém!

Você ouviu e acreditou que qualquer um pode ser *coach?* Como uma profissional de carreira, posso sugerir que talvez você tenha mordido a *"isca"* dos marketeiros do *coaching*.

É possível, sim, utilizar as ferramentas de *coaching* no intuito de alcançar alguns objetivos para a sua área de atuação, mas isso é bem diferente de ser *coach*. Não existe uma profissão que qualquer um possa ter!

Se você verdadeiramente deseja se sentir realizado e feliz, terá que sair desses padrões. Já vivemos em um cenário que nada permanecerá da mesma forma. As referências de muitos que se tornaram milionários com suas receitas prontas cairão por terra para quem tentar segui-los à risca.

Tanto o *coaching* como outras especializações vêm facilitar ou diferenciar uma história profissional, uma missão "para realizar algo todos os dias". Fundindo o *branding* profissional com o *coaching* de carreira você irá posicionar-se com os seus atributos de forma impactante e única onde queira atuar.

A essência do *branding* profissional também é uma prova da certeza de que existirá espaço para o sucesso, desde que esteja naquilo que é seu, tornando-se especialista, autêntico e único. Estabeleça as suas diretrizes e a sua marca direcionada ao seu território, de forma personalizada.

O que é diferenciação *by branding*?

O desenvolvimento de *branding tem* base nas reflexões das diretrizes do planejamento estratégico profissional para encontrar o nosso modelo único e diferenciado.

Esse adjetivo "diferenciado" vem sendo usado de forma indiscriminada principalmente para um posicionamento de *branding*. Por essa razão, acredito ser de suma importância levá-los a essa reflexão.

Na verdade, a diferenciação de uma marca deve ter base na identificação consciente do potencial de originalidade. Somente dessa maneira teremos profissionais com marcas de alta *performance* sendo sustentáveis.

Se a sua intenção é possuir espaço e posicionamento profissional, você deverá seguir alguns pontos de forma personalizada. Só assim poderá "marcar a marca que deseja" (esse é o *slogan* da minha metodologia).

Meus colegas *coaches*, quando temos uma visão clara de nós, de mundo, e do nosso negócio, identificamos, rapidamente, a nossa essência consciente. Ela nos motiva a entrar em ação com nossos talentos únicos e, assim, contamos com uma razão maior para contribuirmos verdadeiramente com as pessoas, empresas e um mundo ainda melhor.

Para validar o seu ponto de partida e dar *start* na sua carreira, questione-se: "Como a minha grande paixão irá impactar a vida de outras pessoas?".

O maior desafio não está em encontrar a nossa vocação, mesmo sendo árduo esse trabalho, mas, sim, em fazer com que a nossa paixão impacte a nossa vida e a de outras pessoas.

O *coachee* saberá valorizar o *branding*?

Na verdade, o cliente faz parte da estrutura de *branding* que, nesse aspecto, quebrará diversos paradigmas dentro da minha visão.

Saímos da persuasão de *marketing* para atração do cliente por identificação com a essência da sua marca, o *branding*. Nesse aspecto, torna-se uma filosofia, uma cultura de gestão, pois mudamos de **convencimento de clientes** para **clientes interessados na sua marca.**

Quando você percebe que está se esforçando além do retorno alcançado, isso geralmente pode ser um sinal evidente de que você está fora do fluxo, do seu *branding*. Quando está bem definido, estruturado e posicionado, atrai naturalmente o seu público-alvo. **Não acredite, teste!!**

Convencer é tentar atrair alguém que não tem interesse algum na sua essência. O que se consegue com isso? Será que quando você se posiciona e apresenta seu *branding* precisará mesmo de convencimento?

Coaching no DNA

Posso garantir que uma marca profissional, empresarial, de produto ou serviço, com base nisso, terá o poder da atração de pessoas interessadas, mesmo que seja de forma inconsciente.

O B2B e C2C, padronizados, nunca perderam tanto espaço para o H2H. Saiba se conectar e interagir com você, para saber como se conectar verdadeiramente com as demais pessoas. Os padrões preestabelecidos estão caindo por terra bem como os trabalhos repetitivos para os seres humanos.

Qual o primeiro passo para ter uma carreira *by branding*? Saia do coletivo, use sua criatividade e *"co-crie-se"*. O que você faz de exclusivo? Esse seu modo único poderá fazer diferença significativa na sua vida, na vida das pessoas e interferir no seu meio? Assim é fecundada a marca que um dia irá marcar.

Essa é a essência de todo o meu trabalho e posso garantir que é a chave do sucesso dos meus clientes. Você já é um ser único. Viva a marca que você deseja marcar e seja feliz!

Coaching no DNA

Capítulo 2

Faça sua escolha e pague o preço

"Um dia vamos morrer, mas em todos os outros podemos viver."
Todos buscamos resultados e nos empenhamos em conquistar muitos objetivos em nossa vida, como: a carreira bem construída, nossos bens materiais, aquela promoção tão esperada, as viagens dos sonhos, o peso ideal, os prêmios esportivos e a agenda cumprida no fim do dia. Porém são poucos os que consideram o preço para tais resultados.

A. Bogdan

Coaching no DNA

A. Bogdan

Head trainer pelo Instituto de Treinadores Comportamentais (IFT). *Coach* executivo e empresarial certificada pela Associação Brasileira de *Coaching* Executivo e Empresarial (Abracem), 2015. *Personal* e *professional coach* formada pelo Instituto Brasileiro de Coach (IBC), 2010. *Personal executive coach*, certificada pelo ICI Integrated Coaching Institute, 2009. Diretora fundadora do Instituto A. Bogdan Coaching e Desenvolvimento Humano. Psicóloga organizacional e do trabalho. Há mais de 12 anos atuando no desenvolvimento de pessoas. Como palestrante atua nas áreas de Liderança, Inteligência Emocional, Psicologia Positiva, Planejamento e *Coaching*.

Contatos
www.a.bogdan.com.br
angelisbogdan@gmail.com
@angelisbogdan
(44) 99806-5045

A. Bogdan

A lendária história da conquista do Polo Sul traz uma fantástica reflexão para você analisar o modo como tem atingido seus resultados pessoais e profissionais. Em 1911, dois grupos de exploradores partiram em uma missão inacreditável; embora tenham utilizado estratégias e rotas diferentes, cada um dos líderes das equipes tinha o mesmo objetivo: ser o primeiro da história a chegar e conquistar o Polo Sul. Essas histórias são exemplos de vida.

Um grupo era liderado pelo explorador norueguês Amundsen. Curiosamente, ele, no início, não pretendia ir à Antártida. Seu desejo era ser o primeiro homem a chegar ao Polo Norte. Porém, quando descobriu que outro grupo liderado por Robert Scott chegaria antes dele, mudou para o outro extremo da Terra. Norte ou Sul, ele tinha a certeza de que seu planejamento seria bem-sucedido.

Amundsen mapeou seu rumo cuidadosamente. Ele investiu em conhecimento, estudou os métodos dos esquimós e determinou que a melhor decisão seria transportar todo o equipamento e todos os suprimentos em trenós puxados por cães. Ao montar sua equipe, ele convidou esquiadores experientes e treinadores de cães. Sua estratégia era simples: os cães fariam a maior parte do trabalho, enquanto o grupo viajava de 24 a 32 quilômetros em um período de seis horas todos os dias. Isso permitiria aos cães e aos homens uma média de 16 horas de descanso diário antes da jornada do dia seguinte. Durante o percurso, o norueguês e sua equipe fizeram vários abrigos para os mantimentos, o que permitia estocar água e a comida, e deixar a carga mais leve.

A premeditação e o zelo de Amundsen com os detalhes foram inacreditáveis. Ele levara em conta todas as possibilidades da viagem, refletira sobre elas. O pior problema que tiveram na viagem foi um dente infeccionado de um dos homens que precisava ser extraído; o procedimento foi realizado sem muitas dificuldades.

Enquanto isso, Robert Scott, um oficial da marinha britânica, que já fizera algumas explorações na região da Antártida, organizou uma expedição totalmente oposta daquela de Amundsen. Em vez de usar trenós puxados por cães, Scott escolheu usar trenós motorizados e pôneis. Após somente cinco dias, os trenós pararam de funcionar,

Coaching no DNA

afinal o combustível não é indicado para ambientes gelados. Os animais também não se saíram muito bem nas baixas temperaturas. Quando chegaram às montanhas transantárticas, todos os animais tiveram que ser sacrificados. Por consequência, os homens da equipe precisaram puxar os trenós de aproximadamente 100 quilos. Foi um trabalho pesado e de muito sacrifício.

Scott também não dera a devida atenção aos outros equipamentos da equipe. Todos os homens tiveram queimadura por conta do frio. Um deles precisava de mais de uma hora só para conseguir colocar suas botas por causa dos seus pés inchados e gangrenados. Ainda, a exposição às baixas temperaturas usando óculos de baixa qualidade que Scott fornecera a eles resultou em mais um problema: todos desenvolveram uma doença ocular chamada "cegueira de neve". Além disso, à equipe sempre faltaram comida e água. Tudo isso devia-se às falhas de planejamento de Scott. Em cima da hora, ele decidiu levar um quinto homem, embora só tivesse planejado alimentos e água para quatro.

No dia 17 de janeiro de 1912, após 1.300 quilômetros, em pouco mais de dois meses, o desgastado grupo de Scott finalmente chegou ao Polo Sul. Lá eles encontraram a bandeira da Noruega e uma carta de Amundsen. A outra expedição, bem liderada, os tinha superado havia mais de um mês.

A viagem de volta foi ainda pior, Scott e seus homens estavam famintos e sofriam de escorbuto, hemorragias causadas pela falta de vitamina C, mas o líder ignorava o sofrimento da equipe. Com o tempo acabando e a comida no fim, além de os abrigos para os alimentos não terem sido bem sinalizados, Scott insistiu que eles coletassem 15 quilos de amostras geológicas para levar.

A viagem de volta já durava dois meses, eles estavam a 240 quilômetros de sua base. E todos morreram ali. Nós só conhecemos sua história porque eles passaram as últimas horas atualizando seus diários. Em suma, morreram como heróis, pagaram com o que cada um tinha de maior valor.

Essa história é real e riquíssima em conteúdo, da qual podemos tirar muitas lições. Você já parou para pensar qual preço está pagando pelas conquistas que teve até hoje?

Você costuma parar para planejar sua vida e encontrar um propósito em tudo o que faz ou deixa o cotidiano levá-lo assim como um barco a vela sem destino?

"As pessoas não planejam fracassar, elas fracassam por não planejar", disse John L. Beckley, famoso político americano.

Querido leitor, a vida é única e o tempo não poupa ninguém. Preciso que você reflita sobre essa afirmação. O que estamos buscando em meio a tanto estresse, correria e agitação? O que de fato queremos?

A. Bogdan

Todo mundo fala do sucesso financeiro, da qualidade de vida e do emprego perfeito, mas o que tenho visto são profissionais infelizes e pessoas cansadas, desgastadas e com um vazio gigante por não entender o propósito de tudo isso. Praticamente, um pedido de socorro coletivo.

Quando falo isso lembro de muitas histórias, mas selecionei duas para compartilhar com você. Eu trabalho com *coaching* desde 2009; em um desses momentos conheci um executivo que chegou a mim em busca de auxílio, ele era formado em Informática e Gestão de Projetos, cresceu na empresa muito rápido como perfil da geração Y. Após passar por algumas empresas, chegou ao tão sonhado cargo gerencial. Casado, pai de dois filhos, ele então procurou o *coaching* executivo e empresarial.

Algumas semanas antes, orientado pela empresa em que trabalhava, ele havia passado por uma avaliação médica para fazer exames de rotina. Foi diagnosticado com uma crise de estresse, o que estava ocasionando palpitações, enxaquecas frequentes, insônia, dores na coluna, queda de cabelo e alergias. Em casa, a família queixava-se de sua ansiedade, seu nervosismo e suas mudanças bruscas de humor. Ele me contou que se sentia muito infeliz, apesar de ter tudo o que mais desejou: uma família linda, um bom salário e uma casa confortável. Afirmava estar insatisfeito com o caminho que sua carreira estava tomando e com a empresa em que trabalhava. Em pouco tempo, após a promoção, a euforia da novidade foi embora e o que permaneceu foi o desgosto do dia a dia. Culpar a falta de sorte, a empresa e a família não era mais a solução, então guardava para si, e presenciava naquele momento o corpo adoecer. Ele, assim como muitos, sofre de um profundo desequilíbrio: a ansiedade e o estresse. Esses sintomas tomaram conta dele, o tempo ficou escasso demais e a vida ficou fora de controle.

No mesmo ano, mas em outro extremo, conheci Angelina, uma dessas pessoas raras que sabem viver sem estresse, uma empreendedora que é um exemplo de qualidade de vida. Angelina procurou-me em busca de desenvolvimento contínuo. Em sua primeira sessão, ela disse que já havia sofrido muito por conta da desorganização e da dificuldade de dizer não. Ela já tinha sido uma alta executiva de RH em uma empresa renomada do interior do Paraná. Naquela época, trabalhava sete dias por semana, dez a 12 horas por dia, além de ser mãe e esposa, enfim múltiplos papéis. Hoje, ela afirma que a maturidade chegou e, junto com ela, a sabedoria da busca do equilíbrio. Angelina aprendeu a fazer escolhas e a mais difícil e, também, a mais recompensadora, foi escolher a si.

Ela aprendeu a trabalhar na sua medida. Afinal, trabalhar mais não

Coaching no DNA

quer dizer trabalhar bem. Cumprindo média de sete horas diárias de trabalho, ela tem uma empresa de serviços, prioriza uma hora da sua manhã para sua rotina, que reúne meditação, planejamento e exercícios físicos. Quando é questionada se está satisfeita com seus resultados atuais, ela afirma que se sente muito mais feliz agora do que na época em que trabalhava mais, pois sentia culpa e uma autocobrança excessiva.

Para fazer essa transição de carreira, ou melhor, de estilo de vida, ela afirma que não foi fácil reconhecer a necessidade de mudar, pois o trabalho estava a seduzindo e tomando sua vida de forma sutil e silenciosa. Quando familiares e amigos falavam algo sobre seu excesso de trabalho, falta de tempo e cuidado consigo mesma, ela não aceitava, entendia que estavam contra ela, pensava que era ciúmes pois queriam sua presença, mas um dia sua "ficha caiu". Eu, curiosa que sou, perguntei como. Ela relata que, após muito desgaste emocional, durante a leitura do livro *A invisível história de Euridice Gusmão*, ao refletir sobre o relato da protagonista que sofria por causa de suas escolhas e renúncias, Angelina simplesmente se reconheceu e percebeu que estava fazendo escolhas erradas e que isso estava custando um preço alto demais: sua vida.

"Quando percebi, estava num ritmo autoimposto no dia a dia, vi que trabalhar também pode ser viciante. A pessoa gasta muita energia e, no fundo, acredita fielmente que aquilo vale a pena, mas a família fica de lado, o tempo para si mesmo é escasso, a saúde míngua, e aos poucos é muito difícil para ela tomar consciência que está nesta condição", relatou ela.

A mudança não foi da noite para o dia, levou cerca de dois anos. Ela investiu em cursos de autoconhecimento e assim descobriu seus pontos fracos, mas também seus pontos fortes; buscou uma psicóloga, curou suas dores e compreendeu seus vazios; passou a ter um propósito claro e bem definido. Participou de dois processos de *coaching*, nos quais aprendeu a fazer uma coisa de cada vez, com intensidade, e também começou a dar valor a tudo o que há de mais simples no dia a dia, o que ela chamou de: viver o momento presente.

Angelina continua seu desenvolvimento, mas é daquele tipo de pessoa que vive a gratidão e sabe reconhecer e vivenciar as pequenas alegrias do cotidiano. Ela vive uma vida de resultados. Feliz consigo mesma, aprendeu a dizer não para o excesso e sim para suas prioridades. Faz suas escolhas e sabe o preço que terá que pagar por elas, individualmente.

Esses dois exemplos, a conquista do Polo Sul e os meus *coachees* são perfeitos para fundamentar algo que percebo em todos esses anos de estudo de autoconhecimento, de produtividade e de realização através do *coaching*: faça sua escolha e pague o preço.

A. Bogdan

Todos buscamos resultados e nos empenhamos em conquistar muitos objetivos em nossa vida, como: a carreira bem construída, nossos bens materiais, aquela promoção tão esperada, as viagens dos sonhos, nossa riqueza pessoal, o peso ideal, o celular novo, os prêmios esportivos e a agenda cumprida no fim do dia. Porém são poucos os que consideram o preço para tal resultado.

Consequentemente, vemos inúmeras pessoas frustradas por terem muita iniciativa e pouca "acabativa", por realizarem pouco mesmo se dedicando tanto, como se estivessem presas à areia movediça. E, no outro extremo, vemos as pessoas que conquistam e estão esgotadas emocionalmente por pagarem caro demais pelos objetivos atingidos. Pouquíssimas, eu diria que apenas 5% das pessoas, conseguem ter clareza dos seus objetivos, ou seja, fazem um planejamento e pagam o preço por suas conquistas de maneira justa. São aquelas que estão acima da média.

Temos ainda o mundo digital para alimentar nossos sabotadores da mente com cobrança social e, consequentemente, autocobrança. Muitas aderem às máscaras de "super-humanos", dando a falsa sensação de que está tudo bem. Para os de fora e para os seus seguidores, levam a vida perfeita. É preciso olhar com muita atenção para descobrir que, por trás dessa máscara de superpessoa e profissional, existe alguém com uma fragilidade tal que não consegue sequer perceber isso. É o castelo da ilusão que um dia cobrará seu preço. Quem vê de fora muitas vezes admira e nem se dá conta disso. Vê as conquistas nas redes sociais e algumas viagens ou passeios e acredita que é a vida perfeita, mas, pelo contrário, é apenas uma visão utópica de algo que, mais cedo ou mais tarde, vai aparecer de alguma forma: sejam problemas de saúde, como no caso do meu *coachee* executivo que citei anteriormente, seja de relacionamento ou de comportamento com os filhos, seja a perda da alegria e da satisfação com o outro e consigo mesmo.

A melhor forma de não cair nas armadilhas externas e internas é desenvolver o hábito de olhar para você por pelo menos 30 minutos por dia. Coloque em sua agenda um momento para você, utilize um caderno, faça anotações, planeje suas conquistas, coloque-se em primeiro lugar. Nenhuma conquista é maior ou melhor se ela consome sua própria vida; senão, quando você perceber, terá perdido muitas coisas que não se recuperam jamais, e pode ser muito tarde.

Afinal, um dia vamos morrer, mas em todos os outros podemos viver! Faça sua escolha...

Coaching no DNA

Referências

BARBOSA, Christian. *Equilíbrio e resultado*: *por que as pessoas não fazem o que deveriam fazer?* Rio de Janeiro: Sextante, 2012.

BRENNER, Charles. *Noções básicas de psicanálise: introdução à psicologia psicanalítica*. São Paulo: Imago Editora Ltda., 1987.

CURY, Augusto. *O código da inteligência*. Rio de Janeiro: Sextante, 2015.

GALLWEY, W. Timothy. *The inner game: a essência do jogo interior*. São Paulo: New Book, 2013.

KRAUSZ, Rosa. *Coaching executivo*: *a conquista da liderança*. São Paulo: Nobel, 2007.

MAGALHÃES, Dulce. *O foco define a sorte: a forma como enxergamos o mundo faz o mundo que enxergamos*. São Paulo: Integrare Editora, 2011.

MAXWELL, John C. *As 21 irrefutáveis leis da liderança*. Rio de Janeiro: Vida Melhor Editora S/A, 2007.

Capítulo 3

Aprendendo a ser mente sábia: como tornar-se um "ser humano" em vez de um "fazer humano"

Assim como aprender a dirigir, a falar uma língua estrangeira, ou fortalecer um músculo, acessar a mente sábia é uma habilidade a ser exercitada consistentemente. Essa conexão exige o desenvolvimento da habilidade da consciência plena. Com isso, você conseguirá desenvolver uma ligação muito mais profunda e genuína consigo e com o seu cliente.

Clarice Santana

Coaching no DNA

Clarice Santana

Coach executiva, especializada em desenvolvimento & transição de carreira. Mentora de *coaches* iniciantes e professora universitária. Psicóloga, especialista em terapia cognitivo comportamental e *master* em programação neurolinguística. Certificada por cinco instituições de *coaching*, MBA em gestão de pessoas em ambientes de mudança (FGV) e 18 anos de experiência em RH (Magnesita, TOTVS, Vale, Kroton, Stato Consultoria e LHH). Construiu programas para desenvolver líderes e para ajudar pessoas a alinharem suas metas de carreira ao seu propósito de vida. Programas desenvolvidos: Carreira com Propósito, Oficina *Leader Coach* 4.0, Líder em Foco, Raio X Diagnóstico Comportamental, Jornada *Coaches* no DNA, Jornada DNA da Carreira e Jornada Mente Sábia.

Contatos
http://claricesantanadh.com
contato@claricesantanadh.com
Facebook: Clarice Santana Desenvolvimento Humano
Instagram: claricesantanadh
LinkedIn: Clarice Santana
(31) 99279-9777

Clarice Santana

A o longo da minha jornada, por muitos anos, acreditei que somente teria reconhecimento e aceitação do outro se produzisse e entregasse muito resultado. Esse era o meu único critério de valor. Assim, a área profissional ficava acima de qualquer outro aspecto da minha vida, tal como amigos, lazer, família e saúde. Nada estava antes de trabalho e entregas com alto nível de qualidade e excelência. Percebi que estava vivendo como um "fazer humano".

Depois de conhecer a atenção plena (*mindfulness*) e, posteriormente, a *terapia dialética comportamental* (desenvolvida pela PhD Marsha Linehan), passei a enxergar o mundo sob outra perspectiva, com mais amor, compaixão, gentileza pelo outro e por mim. Quando "despertei", percebi o quanto estava "automatizada" e como a autossabotagem exercia força por meio de um senso crítico negativo absurdo, gerando em mim um intenso sofrimento. Hoje, com muito orgulho e sabedoria aprendida, sou ainda mais um "ser humano". Tenho como missão apoiar pessoas em seu processo de evolução e transformação, para alcançarem uma vida com plenitude, presença e propósito.

I - Entendendo os modos ser e fazer

Um ponto-chave da atenção plena é estar presente a partir da consciência da sua experiência naquele momento. Em um fluxo constante de sentir e pensar, os pensamentos e sentimentos podem se tornar um ruído insuportável, a ponto de causar doenças no corpo e na mente. Essa constância é o "modo fazer" da mente em ação. O "modo ser" é despertado quando ganhamos consciência desse diálogo interno, nos transformando em observadores da experiência. O nosso objetivo como *coach* é ajudar o *coachee* a desenvolver essa consciência plena que reduzirá o ruído mental que tende a criar sofrimento, dor e estresse.

Equilibrando a mente do fazer com a mente do ser: trilhando o caminho do meio

Mindfulness, ou atenção plena, realça as diferenças entre o "modo fazer" e o "modo ser". Enquanto a mente do fazer se concentra em atingir os objetivos, a mente do ser se concentra em vivenciar o presente. A

Coaching no DNA

mente do ser representa o caminho de vida contemplativo, e a mente do fazer envolve o caminho de vida ativo e automático. Sem conciliar aspectos das duas, é bem difícil levar uma vida equilibrada.

Assim, "trilhar o caminho do meio" é viver a vida entre os extremos e encontrar a síntese entre eles. As habilidades de *mindfulness* tornam possível as sínteses da mente racional e emocional, bem como da mente do fazer e a mente do ser, criando um novo estado: a mente sábia!

II - Entendendo os estados da mente emocional, racional e sábia

A mente racional e emocional, assim como a mente sábia, são estados. Muitas vezes, o que interfere no acesso a nossa própria sabedoria é a nossa condição mental do momento. Podemos ficar em diferentes estados da mente, em momentos distintos, tendo sentimentos, pensamentos e ações muito diferentes.

Mente racional

É o extremo da razão, a falta de equilíbrio entre emoções e valores. É a parte do planejamento, análise, avaliação e lógica das coisas. Quando a mente racional o domina por completo, você é governado por fatos, razão, lógica e pragmática. As emoções, tais como amor, culpa ou dor são irrelevantes. A razão pode ser muito benéfica. Sem ela, as pessoas não poderiam construir casas, estradas ou cidades; não poderiam seguir instruções; não poderiam resolver problemas lógicos ou fazer ciência. A razão é a sua parte que planeja e avalia as coisas logicamente; é a parte fria e indiferente às emoções, necessidades, desejos e paixões.

Mente emocional

É o seu estado mental quando as suas emoções estão no controle e não são equilibradas pela razão. Controla o seu pensamento e o seu comportamento. Quando dominado por completo, você é governado por seus humores, sentimentos e desejos. Os fatos, a razão e a lógica não são considerados. Todos nós ficamos vulneráveis à mente emocional, por fatores como doença; privação do sono/cansaço; drogas ou álcool; fome, comer demais ou má nutrição e estresse ambiental.

Mente sábia

É a integração dos opostos: mente emocional e mente racional. Você não pode superar a *mente emocional* com lógica, tampouco pode criar emoções com racionalidade. Devemos utilizar as duas mentes de forma equilibrada. Esse é o desafio. Mente sábia é

Clarice Santana

encontrar, dentro de si, a sabedoria inerente que cada pessoa tem em seu interior. Entrando no estado mental sábio, integramos opostos e ficamos abertos a experimentar a realidade como ela é. Todos temos a capacidade para a sabedoria, embora encontrar a mente sábia consistentemente possa exigir bastante prática.

> Aprender a encontrar a mente sábia é como procurar uma nova estação no rádio. Primeiro, você escuta um monte de estática e não consegue entender a letra da música – mas, ao longo do tempo, se continua a sintonizar, o sinal fica mais alto. Você aprende a posição exata da estação, e a letra torna-se parte de você, de forma que consegue acessá-la automaticamente – igualzinho a quando consegue completar a letra se alguém começa a entoar uma canção conhecida.
> Marsha Linehan

Principais características da mente sábia

Segundo Marsha Linehan, em seu livro *Treinamento de habilidades em DBT: manual do terapeuta*, todo mundo tem a mente sábia, embora algumas pessoas simplesmente nunca a tenham vivenciado. Ninguém está nela o tempo todo.

Ela é como a intuição. É um tipo de saber que é mais do que raciocínio e mais do que é observado diretamente. Tem as qualidades da experiência direta; do saber imediato; de compreender o significado, a relevância ou a verdade de um evento sem precisar analisá-lo intelectualmente, bem como de sentimentos de profunda coerência. É livre de conflitos, agindo sabiamente quase sem esforço. Tem uma certa paz; você toma decisão de escolher o que gosta, mesmo sendo mais difícil.

A mente sábia vai ao cerne da questão. É ver ou saber algo de modo direto e claro. É perceber o panorama quando, antes, apenas partes eram compreendidas. É "pressentir" a escolha certa em um dilema, quando o sentimento vem de nosso âmago, e não de um estado emocional atual. A mente sábia pode ser a bonança após a tempestade, uma experiência logo após uma crise ou um enorme caos. Às vezes, o indivíduo pode alcançar a sabedoria apenas quando é subitamente confrontado por outra pessoa, ou uma doença, ou uma perda.

III - Desenvolvendo consciência plena

Praticar *consciência plena* é tão essencial para os *coaches* quanto para os *coachees*. *Mindfulness* tem a ver com a qualidade da

Coaching no DNA

consciência ou da presença que uma pessoa traz à vida cotidiana. É uma forma de ela viver desperta, com os olhos bem abertos. É o processo intencional de observar, descrever e participar da realidade no momento, de modo efetivo e não julgador. *Mindfulness* é o ato de, conscientemente, focar a mente no momento presente, sem julgamento e sem se apegar. Quando estamos nesse estado, estamos alertas e despertos, como uma sentinela guardando um portão.

Podemos contrastar *mindfulness* com rejeitar, suprimir, bloquear ou evitar o momento presente, como se "fora da mente" realmente quisesse dizer "fora da existência" e "fora da influência" sobre nós. A prática de *mindfulness* inclui, portanto, o esforço repetido de libertar-se de julgamentos e libertar-se do apego a pensamentos, emoções, sensações, atividades, eventos ou situações da vida atuais.

Estar consciente significa ter um bom controle sobre a atenção. Quando a atenção está fixa, serena, o mesmo ocorre com a mente. "A atenção é um holofote, e tudo o que ilumina é captado pela mente e molda o cérebro". "É possível treinar e fortalecer a atenção assim como qualquer outra habilidade mental". – Rick Hanson, *O cérebro de Buda*.

Gerenciando-se com *mindfulness*: dicas para os *coaches*

O que fazer quando você se sente julgador?
Nós, *coaches*, também nos sentimos julgadores, inclusive diante dos nossos clientes. Podemos até falhar em ser efetivos, em dizer o que precisa ser dito, pelo medo de julgar. Uma alternativa é compartilhar esses momentos de dúvida com colegas de trabalho (embora, como *coach*, você não pode se dar ao luxo de fazer isso com os clientes). Além disso, a própria prática de *mindfulness*, exercida diariamente, ajuda bastante a aquietar as nossas vozes julgadoras. Há ações que podem reforçar a postura não julgadora:

- Dê o bom exemplo. É muito difícil trabalhar o hábito de não ser julgador junto aos clientes se você mesmo não estiver praticando a habilidade de modo consistente. Praticar irá ajudá-lo rapidamente a voltar a ter postura não julgadora durante uma sessão. Lembre-se de "esvaziar a xícara" ao iniciar um atendimento.

- Pratique ação oposta quando se sentir julgador. A melhor maneira de fazer isso é se esforçar para validar e compreender o comportamento do *coachee*, considerando os eventos ou a sua história e que, de alguma forma, ele fez o melhor

Clarice Santana

que pôde naquele momento. Valide integralmente, lembran-do-se em seu diálogo interno, de também não se criticar.

- Neutralize a ameaça. Os julgamentos e a frustração têm a ver com nossos próprios medos e crenças. Uma maneira de atrapalhar o processo é tentar controlar o seu cliente. Verifique os fatos e analise se os resultados que você receia são prováveis. Pensamentos não são fatos! Observe e pergunte à mente sábia se os resultados temidos constituem uma catástrofe real. Quando estiver com um participante ou grupo, motive-se em silêncio: em sua mente, continue repetindo autodeclarações de motivação que contrariem a ameaça. Exemplos: "Descubra a síntese", "Se eu deixar, o processo vai funcionar", "Consigo lidar com isso". "Isso não é uma catástrofe", "Está tudo bem", e assim por diante.

O que fazer quando você sai do presente

Muitas vezes, nós, *coaches*, nos distraímos mentalmente durante a sessão. Estar fora do momento pode restringir o seu foco, reduzin-do-o a uma visão de túnel.

O que fazer para retornar ao presente?

- Lembre-se que tentar controlar o paciente pode prejudicar o processo de desenvolvimento dele. Apodere-se do momento atual. Se verificar que está saindo do momento presente e do estado não julgador, comece a observar as sensações físicas – a maneira como você respira, como o seu corpo se posiciona. Isso o impede de se aventurar no passado ou futuro.

Para ensinar *mindfulness*, pratique

Pergunte-se: um indivíduo que não toca piano pode ensinar alguém? Uma pessoa que nunca fez terapia pode ser terapeuta? Assim, é extremamente importante que você, na condição de treinador de habilidades, também pratique, frequentemente, *mindfulness*.

Enfim, uma jornada

Somente o homem se preocupa com o futuro, arrepende-se do passado, e culpa-se pelo presente. *Mindfulness* é o caminho para nos conectarmos cada vez mais com a nossa sabedoria interior e, assim, aprender a distinguir o que atrapalha do que ajuda.

De acordo com Rick Hanson, a virtude, a sabedoria e a atenção plena são sustentadas por três funções fundamentais do cérebro:

Coaching no DNA

controle – o cérebro regula a si e a outros sistemas físicos pela combinação de impulsos excitantes e inibidores; aprendizado – o cérebro aprende por meio da formação de novas sinapses ou pelo fortalecimento ou enfraquecimento das já existentes; seleção – o cérebro seleciona qualquer experiência de valor. Assim, a virtude apoia-se no controle, visando estimular as tendências positivas. A atenção plena leva ao aprendizado do novo e à sabedoria, por meio da função seleção, nos dá a capacidade de fazer escolhas, como abrir mão de prazeres transitórios em prol de algo mais significativo e sustentável.

Ao acessar a mente sábia, nos conectamos com a nossa essência, nossos dons e talentos mais profundos. Nos tornamos mais criativos, focados e resilientes, uma vez que as práticas constantes fortalecem a virtude, a atenção plena e a sabedoria, trazendo mais felicidade, plenitude, presença e significado para viver uma vida com propósito.

Esse é nosso papel enquanto profissionais da área de desenvolvimento humano: desenvolver em nossos *coachees* a habilidade de acessar a sua sabedoria, ampliando a consciência de si e do universo, ajudando a equilibrar a mente ser e fazer. Que tal nos tornar mais humanos?

Referências

BURCH, Vydiamala; Dr. Danny Penman. *Mindfulness para a saúde*. Lua de papel, 2016.

HANSON, Rick; Mendius, Richard. *O cérebro de Buda*. Alaúde, 2011.

LINEHAN, Marsha M. *Treinamento de habilidades em DBT: manual de terapia comportamental dialética para o terapeuta*. Artmed, 2017.

Coaching no DNA

Capítulo 4

Liderança 4.0: o perfil do novo gestor de talentos

Nunca se falou tanto em inovação como nos dias atuais. A tecnologia alterou a forma que nos relacionamos com o mundo e essa é uma mudança histórica. No ambiente corporativo, a relação de trabalho já não é mais a mesma e precisamos nos reinventar. Este artigo tem como objetivo ajudar os líderes a entender as exigências dessa nova era: complexa, incerta, volátil e desafiadora.

Claudine Hudson

Coaching no DNA

Claudine Hudson

Master executive coach. Consultora de RH. *Trainer*. Palestrante. Especialista em alta *performance*, atende diretores de empresas, empresários, executivos e profissionais que ocupam cargos de liderança. Sua missão é assessorar pessoas no processo de desenvolvimento de competências que estejam alinhadas ao negócio da empresa, bem como às exigências do mercado de trabalho. Atua também com o desenvolvimento de equipes para a maximização de resultados e projetos de educação financeira. Possui experiência de mais de 13 anos de mercado como consultora organizacional, atuando nas áreas de Gestão Estratégica de Pessoas e de Negócios. Dedica-se ao desenvolvimento e à implantação de projetos customizados que atendam às necessidades de empresas familiares de diversos segmentos. No ambiente corporativo, seu papel é oferecer suporte à diretoria na implantação e gestão da mudança, desenvolvendo soluções para os desafios organizacionais. Além disso, atua como mentora de profissionais *coaches* em início de carreira.

Contatos
www.claudinehudson.com.br
contato@ClaudineHudson.com.br
Redes sociais: @claudinehudsoncoach
(31) 99906-2019

Claudine Hudson

Pare por um momento e reflita: por quantas mudanças você passou nos últimos dez anos? Você já se deu conta do quanto a incorporação – gradativa e constante – das inovações tecnológicas mudou radicalmente a forma como nos relacionamos com o mundo? Houve um aumento exponencial na velocidade das mudanças e, hoje em dia, a palavra de ordem é inovação!

Agora, vamos olhar para o universo corporativo: você percebeu o quanto as relações de trabalho foram impactadas com todas essas mudanças? A dinâmica do mercado não segue mais os "manuais" de administração. A relação empresa x empregado já não é mais a mesma. Inúmeras profissões perderam seu valor ou, simplesmente, desapareceram dando espaço para diversas outras que nem pensávamos que poderiam existir!

Em escalas diferentes, no que diz respeito à complexidade e profundidade, estamos vivendo uma era diferente de qualquer coisa que já tenhamos experimentado no passado. Klaus Schwab, fundador e presidente executivo do Fórum Econômico Mundial, defende a teoria de que estamos vivendo a Quarta Revolução Industrial, na qual a tecnologia tem transformado a forma como vivemos, trabalhamos e nos relacionamos. De acordo com o autor, o foco agora está nas pessoas, na sociedade e no meio ambiente. Nossa visão de mundo tem sido impulsionada por um conjunto de novas tecnologias chamadas de disruptivas, tais como: a robótica, a inteligência artificial, a realidade aumentada, o *Big Data* (análise de volumes massivos de dados), a nanotecnologia, a impressão 3D, a biologia sintética e a chamada "*Internet* das Coisas". Hoje cada vez mais dispositivos, equipamentos e objetos estão conectados uns aos outros por meio da *Internet*. A chamada Quarta Revolução Industrial pode ser caracterizada pela amplitude, pela profundidade, pelo impacto sistêmico, pela velocidade da convergência e pela sinergia entre todas essas tecnologias.

O efeito impactante da tecnologia aliada à comunicação está embasado na Lei de Moore (na qual a *performance* dos sistemas é duplicada a cada 18 meses) e na onipresença do Darwinismo Corporativo (não é o maior, o mais tradicional que prospera e, sim, aquele que se adapta melhor ao ambiente). Se essa "nova onda" traz consequências, seu crescimento exponencial exige adaptação numa velocidade jamais vista.

Coaching no DNA

O grande desafio é gerenciar as mudanças ocasionadas pela conexão entre os mundos: digital, físico e biológico (figura 1). A inter-relação dos mundos físico e digital traz mudanças na utilidade das "coisas". Com isso, nossa relação com o mundo físico é impactada a partir da adoção de novas tecnologias nos sistemas sociais. Consequentemente, o mundo digital influencia nosso comportamento e a maneira como nos relacionamos.

Figura 1: Conectividade dos mundos e as mudanças percebidas nas correlações.

No mundo corporativo, juntamente com esses avanços tecnológicos, estão surgindo novos modelos de negócios e novos desafios. Esse cenário exige dos profissionais um novo *mindset* (capacidade de pensar), principalmente para aqueles que ocupam cargos de liderança. Para se adaptar, o líder deve ter ousadia, pensamento de longo prazo, compromisso e coragem de agir nesse mundo cada vez mais volátil, no qual a inteligência artificial já alterou a forma como tomamos nossas decisões. No ambiente de trabalho, os líderes são os responsáveis pela criação de condições seguras para a prática da inovação, engajando pessoas na adaptação às mudanças sistemáticas com o foco na maximização de resultados.

O progresso tecnológico e digital apresenta inúmeros e complexos desafios à gestão das pessoas nas organizações. Sendo assim, o líder da Era 4.0 deve estar preparado para lidar com a agilidade das informações, com as divergências comportamentais e com a pressão mercadológica, sem deixar de lado as pessoas. Para isso, a liderança 4.0 deve se apoiar em três pontos fundamentais (figura 2):

1. **Talento**: o líder deve ser um caçador de talentos e ter *expertise* em saber como potencializá-los.
2. **Comunicação**: o líder deve alinhar sua equipe às estratégias do negócio, gerar engajamento e o sentimento de pertencimento, mesmo diante do caos.
3. **Mudança**: o líder deve conduzir a sua equipe na adaptação à diversidade das mudanças que ocorrem nos ambientes interno e externo.

Claudine Hudson

Figura 2: As bases da liderança 4.0.

Nesse modelo, o estilo de gestão é compartilhado, tem uma comunicação mais ampla e transparente, favorecendo a compreensão de todos e contribuindo para potencializar o sentimento de pertencimento da equipe. O líder 4.0 deve ser um estrategista frente à dualidade de um cenário complexo em que, de um lado, estão os talentos que buscam mais desafios e, de outro, os consumidores que valorizam as experiências customizadas.

Para isso, esse profissional deve explorar seu repertório pessoal, aprender a fazer perguntas, fazer novas conexões e valorizar o conhecimento coletivo. A nova era é caracterizada pelo pensamento exponencial em detrimento do pensamento linear. Portanto, será necessária a reconstrução das empresas, dos modelos de formação de líderes, dos estilos de gestão e do perfil de liderança.

De acordo com Sandro Magaldi, a chave do sucesso para esse novo mundo é "aprender a desaprender". Diante do avanço exponencial das mudanças na inter-relação entre os mundos digital, físico e biológico, o líder 4.0 precisa mudar seu sistema de pensamento e desenvolver competências para sobreviver à complexidade da nova dinâmica do mercado. Trata-se de um processo de reinvenção e desenvolvimento de novas competências. Veja a seguir.

Competências da liderança 4.0

A Era 4.0 tem como base a adoção de uma mentalidade capaz de explorar o pensamento exponencial para a criação de novas estratégias e modelagens de negócios. A partir de agora, nasce um perfil composto por oito novas habilidades e competências que, de acordo com especialistas, definirão a sobrevivência e o sucesso da liderança do futuro.

1. Criador do futuro: o líder deve ter coragem para desafiar suas convicções; humildade para adotar um novo sistema de pensamentos; curiosidade para explorar as soluções; além de um inconformismo constante com o estado atual do negócio. Ele deve encarar os problemas como desafios mercadológicos e estímulo para romper fronteiras.

2. Pensamento Bold: o líder deve ter um pensamento ousado, arrojado, corajoso, audaz, atrevido, forte e vigoroso frente aos

Coaching no DNA

modelos vigentes. Ele deve ser capaz de fazer uma análise sistêmica para transformar as possibilidades geradas pela tecnologia em oportunidades dentro de seu negócio.

3. Propósito transformador massivo: o líder deve ter a capacidade de engajar sua equipe com o conjunto de crenças e de valores que determinam a visão de sua empresa, evitando assim dispersão de energia e perda de foco.

4. Assumir riscos: o líder deve ter, num ambiente em constante mutação, a capacidade de arriscar, experimentar, buscar novos caminhos e fomentar a inovação na cultura organizacional.

5. Domínio da tecnologia: o líder deve explorar o desconhecido, dominar novas ferramentas e entender com profundidade o impacto da adoção de novas tecnologias. Isso exige conhecimento de programação, o que contribuirá para análises de tendências mercadológicas das implicações e das potencialidades no negócio.

6. Conexão com pessoas: o líder deve ter a capacidade de customizar suas relações, utilizando a tecnologia para entender o desejo das pessoas. O líder deve incorporar a filosofia de fazer conexões de valor, minimizando a distância entre as pessoas e aumentando a intimidade entre elas.

7. Saber fazer perguntas: o líder deve abandonar o *status quo* de ser o detentor das respostas prontas. O líder deve ser proativo, aprender a desaprender e saber fazer as perguntas certas. Com isso, deve estimular a curiosidade e o pensamento exponencial de sua equipe, por meio de questionamentos ambiciosos que desafiam e confrontam o negócio. Essa é a única habilidade que, até agora, parece ser unicamente humana e de alto valor.

8. Liderança conectora: o líder deve conhecer profundamente seu negócio para ser capaz de enxergar o que poucos conseguem ver, conectando pontos. Para isso, ele deve sair de sua zona de conforto para absorver novos conhecimentos, conteúdos e novas possibilidades. Ele deve ser um gestor de especialistas capaz de aliar diferenciação com integração de recursos centrados na singularidade, tendo como foco o propósito organizacional. Essa é a base da transformação.

O poder da inteligência emocional

A Era 4.0 pode ser caracterizada pela ambiguidade e, por isso, exige do líder flexibilidade para entender cada momento e ser assertivo em sua gestão. Isso exige desenvolvimento constante.

A relevância do profissional no mercado de trabalho não está mais relacionada com seu conhecimento, mas, sim, com sua capacidade de ter abertura para novos aprendizados e de gerir suas emoções. Nesse contexto, é importante que o líder 4.0 invista em seu autoconhecimento e no entendimento de metodologias que contribuam para equilibrar razão e emoção. Pesquisas científicas comprovam a eficiência da metodologia *coaching* no desenvolvimento de recursos internos de

Claudine Hudson

profissionais que ocupam cargos de liderança, ajudando-os a potencializar seus resultados e a aumentar a *performance* de suas equipes.

A nova era exige de nós um repertório diferenciado para lidar com um mundo cada vez mais complexo e incerto. Não se trata de uma exigência corporativa e, sim, de um estilo de vida. O futuro chegou! Você está preparado?

Ferramenta autofeedback: competências da liderança 4.0

Agora que você já sabe quais são as exigências da nova era, que tal fazer uma autoavaliação? Considerando seu nível de satisfação com o domínio das competências da Liderança 4.0, seja sincero com você mesmo e dê uma nota de 0 a 10, em que 0 é considerado sem desenvolvimento e 10 com domínio pleno. Após avaliar cada uma, reflita sobre o que você pode fazer para melhorar seu desempenho e registre uma ação que o ajudará a dar o primeiro passo.

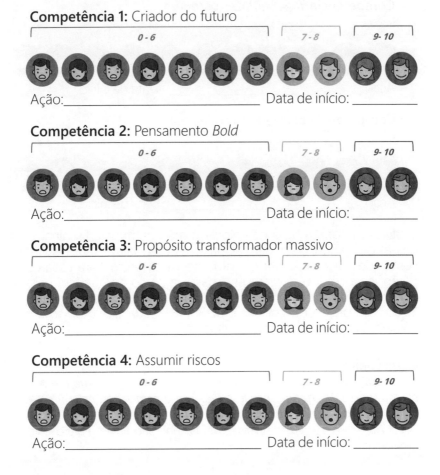

Coaching no DNA

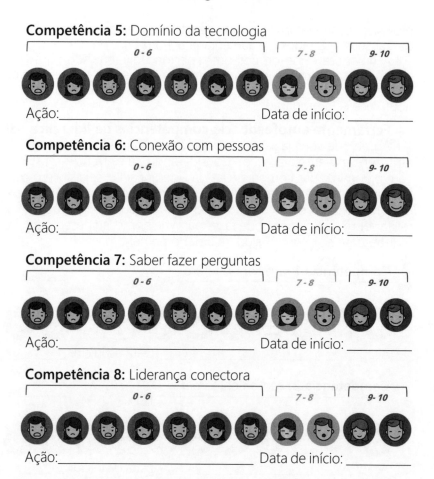

Dica: chegou a hora de colocar a mão na massa! Escolha quais dessas competências podem ajudá-lo a potencializar seus resultados como líder. Faça uma lista por grau de importância. Para cada competência, você deverá escrever o passo a passo do que fará para se autodesenvolver e escolher um indicador para mensurar sua evolução. Lembre-se de colocar prazos para cada ação. Um *coach* o ajudará a potencializar seus resultados.

Referências
MAGALDI, Sandro; NETO, José Salibi. *Gestão do amanhã: tudo o que você precisa saber sobre gestão, inovação e liderança para vencer na 4ª Revolução Industrial.* São Paulo: Editora Gente, 2018.
SCHWAB, Klaus. *A quarta revolução industrial.* São Paulo: Edipro Edições Profissionais Ltda., 2016.

Coaching no DNA

Capítulo 5

E quando o envelhecimento chegar?

Contribuições do *coaching* no processo de aposentadoria.

Denis Gaspar

Coaching no DNA

Denis Gaspar

Graduado em Direito, Gestão de Recursos Humanos, Pedagogia e Gestão Pública. MBA Executivo em Gestão Empresarial e especialização em Gestão Estratégica de Pessoas pelo INPG, São Paulo. Mestre e, atualmente, doutorando em Desenvolvimento Humano e Tecnologias pela Unesp, no qual desenvolve estudos voltados aos processos de *coaching* desde seus primórdios até o advento das tecnologias. Experiência de 25 anos em empresas de grande porte dos ramos Bancos, Bebidas e Educação. É sócio-proprietário da RG Coaching, Treinamento e Desenvolvimento de Pessoas. Tem diversas formações pela Sociedade Brasileira de Coaching. Atua em processos de *coaching* e treinamentos em empresas de médio e grande porte. Tem artigos publicados em revistas científicas com temas ligados à gestão de pessoas.

Contato
rg.coaching@uol.com.br

Denis Gaspar

O envelhecimento tem sido um tema de grande preocupação para os governos e a sociedade em geral, pois apresenta impacto direto na economia de uma nação. A Reforma da Previdência e as diversas discussões levantadas sobre essa questão são evidências claras da importância do bom planejamento da aposentadoria e de suas consequências às famílias brasileiras. O processo de aposentadoria com foco no planejamento e na longevidade reduz gastos com a saúde, trazendo melhorias aos cofres dos municípios e do Estado.

A possibilidade de envelhecer de forma mais saudável, fazendo com que os indivíduos da terceira idade continuem ativos, realizando negócios, planejando viagens, mantendo a fé e a disposição para a vida não lhe parece maravilhosa? E você, empresário, gestor, diretor ou proprietário de empresas? Preparar seus colaboradores para a aposentadoria, contribuindo para um envelhecimento mais digno e um país menos desigual não lhe parece algo importante?

Se ainda não estivermos nesta fase de vida, você e eu certamente chegaremos a ela. É apenas uma questão de tempo. Planejar esse processo será o grande diferencial, distinguindo o sucesso do insucesso, a tranquilidade da preocupação.

E o que todos nós, leitores, deveríamos saber a respeito da aposentadoria? Quem de nós nunca ouviu um parente ou um amigo sonhando com sua aposentadoria?

Realizando análises com maior profundidade, podemos, ainda, fazer novas indagações: aposentar-se é tão bom assim? Poderei fazer tudo o que gostaria? Vou aproveitar o melhor que a vida me reservou? A resposta é: depende. Sim, depende... Depende de como você se preparou para tanto, mas também das escolhas que fará a partir deste momento.

Assim que me aposentar, eu vou...

Muito comum em períodos que antecedem a aposentadoria, esta fala é presença constante, pois o indivíduo passa a organizar e, até mesmo, sonhar com esse novo estágio de sua vida.

Nesse aspecto, há pontos que devem ser observados durante o processo de *coaching*: podem surgir sentimentos de ansiedade e inquietude – momento oportuno para discussão do planejamento financeiro e de vida, dos objetivos e do propósito para essa nova fase.

Coaching no DNA

Estou aposentado, não preciso ir ao trabalho...

Trata-se do período da separação da rotina de trabalho, no qual o indivíduo percebe que tem à disposição o tempo que antes era utilizado em sua vida profissional e que agora pode ser utilizado em novas atividades.

É interessante que esse indivíduo, antes atarefado e sem tempo para a diversão, mantenha alguma rotina de lazer, de instrução e cultura, não se entregando por muito tempo ao simples ócio. Do contrário, pode se sentir colocado à parte, em estado de isolamento.

Este é o momento oportuno para planejamento do tempo, dos afazeres diários, e principalmente para trabalhar relacionamentos do indivíduo, seja com aqueles que há muito não são vistos, seja com aqueles mais próximos no dia a dia.

Agora, posso fazer tudo aquilo que eu quiser...

Nesse período o indivíduo percebe que tem tempo para fazer o que quiser como, por exemplo, assistir a programas de TV até mais tarde, sem preocupações com a hora de se levantar no dia seguinte; ir a reuniões com amigos em clubes e associações diversas; realizar viagens; entre outros. Embora extremamente importante ao ser humano, os momentos de lazer necessitam, como tudo na vida, de equilíbrio.

O indivíduo, mesmo na velhice, precisa ser desafiado, ter um propósito, algo que o oriente, que seja motivo de sua busca, todos os dias, a cada amanhecer. É um importante momento para reflexão a respeito do equilíbrio: lazer e afazeres diários, rotina e atividades extras, relacionamentos com a família e fora dela, entre outros.

Não sei bem... será que está valendo a pena?

Encontrar-se perdido, desanimado, com fortes pensamentos a respeito do fim da vida são sentimentos característicos desse período. Caso o indivíduo não tenha apoio, poderá vivenciar problemas ligados à depressão, comprometendo sua saúde emocional e física.

Parece-nos uma oportunidade para robustecer os objetivos e o propósito de vida da pessoa. Importante, também, atuar no fortalecimento dos relacionamentos, sejam em família, sejam fora do círculo familiar.

Atuação com crenças limitantes relacionadas ao envelhecimento

Aposentado(a) adoece muito e morre logo... Velho(a) não tem mais idade para se apaixonar... Propósito de vida e envelhecimento não se encontram... Impossível minha cabeça não falhar... Amigos na velhice? Não tenho mais idade para isso! Sexo na velhice? Apenas quando eu era jovem! Agora é o momento dos meus filhos, dos meus netos, minha hora de ser feliz já passou...

Denis Gaspar

Somos cercados por nossas crenças limitantes, diariamente. Ao envelhecermos, essas crenças continuarão conosco, sendo necessário passar por processos de ressignificação.

Cada vez mais, temos acesso a estudos que comprovam que estamos envelhecendo com maior qualidade de vida, permitindo, assim, maior longevidade. São novos tempos resultantes de uma medicina em constante evolução, de atenção ao bem-estar, de autoestima e, até mesmo, de aumento do autoconhecimento e acesso a informações. Políticas públicas voltadas ao envelhecimento também contribuem para o aumento na qualidade de vida da terceira idade, embora o Brasil ainda tenha muito a evoluir nesse sentido.

Questionar as crenças limitantes voltadas ao envelhecimento torna-se, na maioria das vezes, tarefa essencial aos *coaches* que atuam com indivíduos em processos de aposentadoria. Não estamos aqui negligenciando certos obstáculos físicos e intelectuais advindos da terceira idade, mas questionando certas crenças que impedem a vivência plena desse período maravilhoso de nossas vidas.

Todo aposentando adoece e morre logo? Somente meus filhos e meus netos têm direito de buscar a felicidade? Meu momento já passou mesmo? Por quê? Não tenho mais idade para fazer amigos? Onde estão as comprovações disso tudo? Sexo não existe mais na velhice? Qual a evidência de que não? Planejar? Por que não? Elaborar e fortalecer meu propósito? Por que não?

Nossas crenças necessitam ser desafiadas diariamente, principalmente na terceira idade, na qual acabamos utilizando mais tempo para reflexões, muitas delas não tão saudáveis quanto deveriam ser.

Quando meu maior medo é... ficar velho(a)

O medo de ficar velho é recorrente quando nos deparamos com *coachees* que se encontram em processos de aposentadoria. Muitos relatam suas aflições em relação a doenças e, até mesmo, à morte. Outra questão que também os atinge é a imagem, a aparência, a pele envelhecida.

Em momentos como esse, faz-se necessário demonstrar ao *coachee* a importância do não enaltecimento à doença, à morte, à baixa autoestima. Pelo contrário, valorizar a saúde e o bem-estar, a vida e o amor próprio. A esperança necessita estar presente nos corações desses homens e mulheres em fase de envelhecimento. A oração é um caminho para tanto. Como meu *coachee* lida com a esperança? Qual sua rotina diária de oração, independentemente de suas crenças e religiões?

Auxiliar o *coachee* a pensar diferente em relação a sua aparência pode trazer mudanças significativas na forma de lidar com seu envelhecimento. Entender que cada ruga do seu corpo, do seu templo, tem uma história e fez dele alguém melhor e mais evoluído traz mudanças na perspectiva de olhar a vida.

Coaching no DNA

Medo? Quem de nós não o sentiu? Quantos de nós não o sente neste exato momento? Também precisamos ressignificar nossa compreensão em relação a ele. Sentir medo não significa necessariamente deixar de tomar esta ou aquela atitude, mas tomá-la com certo cuidado, com certa precaução, calculando prováveis consequências.

Outra questão, muitas vezes trazida às sessões de *coaching*, está relacionada à idade avançada para realização. Ou seja, o *coachee* muitas vezes não acredita que possa realizar determinados feitos em sua vida por conta da idade. Não acredita que o envelhecimento ainda permite realizações. Questões como essa trazem sentimentos de frustração, desnecessários ao indivíduo nessa sublime fase de sua vida.

A crença limitante face ao contraponto idade avançada e realizações também deve ser desafiada. Uma breve consulta à história atual nos demonstrará um número elevado de pessoas que tiveram grandes feitos quando já se encontravam na terceira idade. Isto é, os indivíduos não deixaram de criar, refletir, reinventar-se porque estavam envelhecendo. Pelo contrário, encontraram novos caminhos, desafiaram-se, aprenderam com suas dores, ressignificaram seus erros, entenderam que cada marca de envelhecimento foi importante para seu florescimento.

Durante processos de *coaching* voltados à terceira idade e aposentadoria, deve-se avaliar também o andamento de pontos relacionados à qualidade de vida do *coachee*. Questões como alimentação, atividades físicas e cerebrais não podem ficar de fora do referido processo de desenvolvimento humano.

Muitos são os estudos que demonstram a importância do consumo de alimentos saudáveis para a boa manutenção do organismo, principalmente na fase da senioridade. Os neurônios necessitam de estimulação, que pode ocorrer por meio de atividades como leitura, jogos de quebra-cabeça, palavras cruzadas, entre outras. Os *coaches* devem trabalhar fortemente a motivação dos *coachees* para questões ligadas à saúde física e mental, orientando, muitas vezes, a procura por profissionais de saúde especializados como nutricionistas, psicólogos, médicos geriatras, entre outros.

Perdoar o passado e tornar-se livre para os dias que virão

Uma das principais queixas dos *coachees* na terceira idade em processos de aposentadoria está ligada a questões ainda não resolvidas de seu passado. Amigos que nunca mais se encontraram, amores não perdoados, histórias interrompidas sem ao menos ouvir os dois lados da relação, ausência de empatia e habilidades sociais são reclamações recorrentes nesses processos. A ressignificação torna-se primordial nesse momento em que o *coachee* reflete a respeito da

Denis Gaspar

real importância de alimentar sentimentos como esses, pensando de outra forma, saindo de sua zona de conforto, abrindo-se ao perdão e ao reinício de uma história, que poderá ser muito mais interessante, muito mais bonita que aquela vivenciada no passado.

Trabalhar o perdão é libertador! É promover a abertura de novas possibilidades, de novos rumos, de novas emoções. É, muitas vezes, sentir-se vivo(a) novamente, abrindo caminhos para uma velhice ainda mais plena, guarnecida de legados, valores e propósito.

A atuação com *coachees* em processo de aposentadoria é fascinante! Ao final de cada sessão, temos a percepção plena do aprendizado, da contribuição, do florescimento, da troca. Afinal, somos eternos aprendizes! Pense com carinho a respeito desse nicho maravilhoso do *coaching*! Seja vitorioso(a) a cada dia!

Coaching no DNA

Capítulo 6

Coaching para o desenvolvimento da liderança

A liderança por meio do *coaching* é uma habilidade que gera motivação e influencia os liderados de maneira positiva, para que contribuam com ideias criativas e inovadoras dentro dos pontos de vista estratégicos da organização.

Denise Oldani Silva

Coaching no DNA

Denise Oldani Silva

Graduada em Psicologia, pós-graduada em Recursos Humanos na Gestão de Negócios e Docência de Ensino Superior, especialista em *Coach* de Liderança, Carreira e *Coach* de Vida, *professional and self coaching*, *business and executive coaching*, *leader coaching*, formada pelo Instituto Brasileiro de Coaching (IBC), com as certificações internacionais European Coaching Association (ECA), Global Coaching Community (GCC), Behavioral Coaching Institute (BCI – EUA). Analista comportamental, analista 360°, coordenadora de gestão de pessoas com experiência em: gestão de clima organizacional, remuneração, benefícios e processos de certificação de qualidade. Palestrante nas áreas de Liderança, Comportamento, Gestão, Comunicação com Programação Neurolinguística (PNL) e Desenvolvimento de Equipes.

Contatos
www.oldanicoachconsultoria.com.br
denise.oldani@bol.com.br
(11) 99767-4067

Denise Oldani Silva

Liderança sob a filosofia do *coaching*

O conceito de liderança é desenvolvido dentro das organizações há muito tempo, mas recentemente ganhou um reforço que rompe com a lógica tradicional da mera reação e repetição: o *coaching*. O processo de *coaching* é formado por um conjunto de ferramentas, conhecimentos e técnicas que visam dar suporte aos gestores no alcance de resultados, tais como: atingir metas, aprimorar o potencial de cada liderado, transformar dificuldades em desafios, desenvolver pensamentos estratégicos, entre outros.

O líder do século XXI ingressa em um processo de valorização das pessoas, não somente dos processos, e seu maior desafio é transformar cada integrante de sua equipe em seu seguidor. E para tornar essa ideia possível, o líder precisa compreender o comportamento e entendimento de mundo que cada um tem. Os líderes que desenvolvem suas equipes por meio de processos de *coaching* são capazes de reconhecer uma tarefa bem-feita, respeitam e honram a história de cada um, e transformam o sentido do trabalho de algo árduo a um propósito.

Investir em cursos e treinamentos para os liderados é outra forma de estimular sua evolução, pois quanto maior o conhecimento adquirido pelo profissional, também será sua criatividade e perspicácia no dia a dia da organização. Consequentemente, maior será sua capacidade de sugerir boas ideias e inovar em suas atividades, gerando resultados positivos para todos.

O líder auxilia sua equipe no aprendizado, provoca e motiva questionamentos a fim de ajudar cada liderado no processo de encontrar as respostas, por si próprio, aos seus desafios. Essa sensibilidade é essencial nos dias atuais, em que as organizações lidam com a diversidade de opiniões e atitudes em equipes formadas por pessoas das mais diversas gerações e culturas.

Uma das vantagens de possuir uma equipe de profissionais diversa é contar com múltiplos pontos de vista, que melhoram a capacidade de solução dos problemas e aumentam a produtividade. Por isso, é importante que o líder compreenda as necessidades de cada colaborador para evitar conflitos entre as pessoas, otimizar o trabalho e reter talentos. A técnica mais indicada para essa função é a escuta ativa.

Coaching no DNA

A escuta ativa tornou-se uma técnica muito importante ao diálogo eficiente entre líder e liderado. Escutar uma pessoa ativamente consiste em ouvir atentamente as informações transmitidas, verbais e não verbais, para depois interpretar e compreender. A escuta ativa gera confiança, promove o trabalho em equipe, aumenta a segurança, desenvolve a empatia, otimiza o tempo e desenvolve a comunicação holística. Saber ouvir fortalece a organização e estabelece vínculos de confiança, que são fundamentais para relacionamentos duradouros.

Além disso, a técnica do *coaching* traz perguntas inteligentes e poderosas para que os indivíduos extraiam o melhor de si e alcancem seus objetivos. O perfil de liderança *coach* é carismático, visionário, consegue influenciar as pessoas positivamente, adota a postura de companheirismo com sua equipe e deixa todos confiantes em si mesmos.

O sucesso da organização está na certeza de que a equipe busca cumprir sua missão em cada atividade realizada. Líderes que desenvolvem suas equipes com esse propósito transformam as dificuldades do dia a dia em experiências e preparam seus liderados para desafios maiores que possam surgir futuramente.

Os benefícios de uma equipe engajada e multidisciplinar são expressos em ideias mais ricas, mais elaboradas e de maior qualidade, que alcançam diferentes visões. Com o aperfeiçoamento dos desafios, os liderados podem ampliar suas perspectivas, sair da zona de conforto, inovar, experimentar coisas novas, escutar com a mente aberta, admitir e aprender igualmente com seus erros e sucessos, sentir-se à vontade com as mudanças e ganhar autenticidade.

O intuito do *coaching* é motivar sua equipe a estar sempre contribuindo e criando possibilidades para que a organização se torne um ambiente propício ao aprendizado, obtendo o melhor de todas as experiências e visualizando sempre uma oportunidade para seu crescimento e evolução.

Dessa forma, o líder necessita olhar a equipe de forma estratégica, percebendo a organização como um sistema em que a diversidade e as diferenças existentes são fundamentais para conseguir um time vencedor.

Uma das técnicas do *coaching*, por exemplo, trabalha com o liderado uma ferramenta chamada tríade do tempo. Nela, os colaboradores podem entender em que e como gastam a maior parte de seu tempo ativo, tão escasso. Abordam as atividades circunstanciais, urgentes e realmente importantes, que são aquelas que agregam valor.

Geralmente, ficamos presos a apagar incêndios dentro das organizações e o planejamento é sugado pelas trivialidades e desperdícios. Essa ferramenta, se bem desenvolvida, melhora a produtividade e efetividade da equipe, gera menos estresse e mais qualidade de vida aos colaboradores.

Denise Oldani Silva

Segundo Jack Welch, "os líderes que não se tornarem *coaches* serão descartados pelo mercado", e hoje sabemos o quanto essa afirmação é verdadeira. Somente ter a intenção de ser um *coach* para sua equipe não basta, é preciso aprender sobre o assunto e sua aplicabilidade. Líderes só conseguirão fazer um bom trabalho com pessoas se o modelo de gestão acompanhar a evolução do mundo.

A importância do autoconhecimento

O autoconhecimento é essencial para melhorar a liderança e seu desempenho com qualidade. Ter ciência dos hábitos e pensamentos possibilita a identificação do que é bom ou ruim, e permite que eles sejam trabalhados para que se tornem mais ou menos frequentes e poderosos.

Quando o líder *coach* se conhece, é capaz de atuar no desenvolvimento do outro e também de desenvolver os próprios comportamentos que não são assertivos em sua liderança. Por isso, é importante investir esforços para conhecer a si mesmo e suas emoções, descobrir qualidades, capacidades, pontos fortes e pontos que devem ser melhorados.

Os medos e crenças limitantes são nocivos ao desempenho e ao ambiente, atrasam o crescimento dos negócios. O *coach* oferece ao líder uma oportunidade de ouro para dar um passo atrás, a fim de refletir sobre seu desenvolvimento pessoal.

Algumas perguntas contribuem para seu autoconhecimento:

- ☑ Qual é minha missão e propósito de vida?
- ☑ Quais são meus receios, crenças limitantes e comportamentos que travam minha ação?
- ☑ Quais são meus pontos fortes e capacidades?
- ☑ Descubra em você, líder: o que realmente gosta de fazer?

Cultura de *coaching* nas organizações

Implementar a cultura de *coaching* nas organizações acelera resultados e metas, atrai e retém talentos, assim como transforma positivamente o ambiente em que as pessoas convivem.

Quando uma cultura de *coaching* é lançada dentro de uma organização, em vez de culpar ou lançar suspeitas sobre os outros em situações que saem do controle, as pessoas passam a assumir as responsabilidades. Para isso, é importante identificar onde cada liderado gosta de estar e quais tarefas despertam sua *expertise*, visando unir desejo e prazer na execução. Dessa forma, o profissional realiza a atividade de maneira satisfatória e exclui o sentimento de obrigação.

Coaching no DNA

O *coaching* é uma cultura transformadora em que a hierarquia dá lugar ao apoio; a culpa dá lugar às avaliações sem julgamentos; o espírito do trabalho em equipe se sobrepõe ao individualismo; a pressão do trabalho se transforma em desafio; e a motivação aumenta, acelerando os resultados.

As técnicas do *coaching* ajudam as pessoas a perceber como podem se tornar mais eficazes e a adquirir coragem suficiente para atravessar o período da prática, quando os novos comportamentos se mostram desejados.

Além disso, colabora para que as conversas sejam honestas e francas, reduzindo o impacto das habilidades interpessoais não tão perfeitas e estabelecendo a base para relações mais produtivas, construídas por meio do comprometimento e da confiança.

A ciência do *coaching* traz ferramentas e aproxima as pessoas de forma estruturada. Uma conversa de *coaching* é um diálogo que gera resultados, caminhos alternativos e possibilidades de realizar ações de forma mais eficiente e eficaz.

Equipe de alto desempenho de um líder *coach*

O líder *coach* não oferece soluções ou respostas prontas já testadas, mas se comunica utilizando perguntas abertas para estimular a reflexão em cada integrante de sua equipe. Ele estimula a pensar sobre valores, habilidades, metas e competências que devem ser aprimoradas.

Quando toda a organização está engajada, o *coaching* torna-se estratégico. Uma equipe eficaz e de alto desempenho apresenta em suas características: apoio, confiança, paciência, compromisso, humor, compatibilidade, cooperação, adaptabilidade, amizade, coragem, entusiasmo, altruísmo.

Certamente, o líder terá em sua equipe um colaborador que não acredita no que faz, não crê em suas capacidades e habilidades e, por isso, não prospera na carreira. A missão será justamente desenvolver o potencial desse profissional, valorizando cada uma de suas contribuições. Assim, ele será estimulado a apresentar suas ideias, independentemente de serem aceitas ou não, e a confiar mais em si mesmo.

É importante que todos da equipe entendam que somos seres em constante processo de evolução. Se ficarmos estacionados em nossa zona de conforto, estaremos impedindo que situações novas e prósperas aconteçam em nossas vidas. Na maioria dos casos, a mudança ocorre de forma lenta e gradual, mas é nesse processo que surgem pequenas e grandes situações que farão a diferença, trazendo mudanças significativas para todos.

Alinhar as metas e os valores pessoais da equipe com as metas e os objetivos da organização é uma ação diária do líder *coach*. É do líder o papel de influenciar, inspirar e criar ações estratégicas para

Denise Oldani Silva

que o novo modelo de liderança se consolide dentro das organizações. Cabe a ele também a função de provocar a reflexão, em grupo e individual, sobre o comportamento da equipe, os erros, acertos e estratégias que serão adotados em prol do alcance das metas estabelecidas para o setor e, consequentemente, para a organização.

Feedback com *coaching*

O *feedback* é uma ferramenta simples e poderosa, amplamente utilizada no ambiente organizacional, para promover o desenvolvimento contínuo dos colaboradores. O termo vem do inglês: *feed* (alimentar, alimentação) e *back* (para trás, de volta); na tradução para o português: retroalimentação.

A comunicação entre líder e liderado deve ocorrer de maneira transparente e sem julgamentos por parte do líder, atitude que integra um dos princípios do *coaching*. Ouvir é, na essência, outra forma de acolher de mente aberta o que o liderado tem a dizer.

O *feedback*, sempre é válido reforçar, é uma via de mão dupla na qual os participantes são convidados a traçar seus trajetos, cada um em seu sentido. O *feedback* de um líder *coach* é estimular a responsabilidade, a autonomia e o aprendizado do colaborador.

Perguntas reflexivas ao líder

- ☑ Em sua liderança, está desenvolvendo pessoas comprometidas e resilientes ou burocratas e seguidores de regras?
- ☑ O que você pode fazer para remover os obstáculos que impedem sua equipe de ser participativa?
- ☑ Qual legado você quer deixar para sua equipe? Como poderá ser construído ao longo de sua carreira?
- ☑ Como desenvolver novas possibilidades de negócios aproveitando as sugestões da sua equipe?
- ☑ Como você pode conseguir a participação de todos num processo difícil de tomada de decisão?
- ☑ Quais as três maiores forças da sua equipe e como aproveitá-las?
- ☑ Você é capaz de criar espaços adequados para ajudar no progresso da sua equipe?
- ☑ Como você pode abordar assuntos que provoquem reflexões positivas na sua equipe?
- ☑ Você lidera a mudança a partir da consciência de equipe? Se não, o que vai fazer para mudar isso?
- ☑ Você ouve com respeito, engajado na essência dos conflitos?
- ☑ Você é um líder sensível às relações interpessoais?

Coaching no DNA

Conclusão

Atualmente, o *coaching* é a prática mais eficaz do mercado para desenvolver a liderança e aumentar sua eficácia. Essa atuação se manifesta em dois aspectos importantes: percepção de si e do outro e percepção e condução da equipe para o alcance de resultados.

Os líderes *coaches* engajam suas equipes de forma diferenciada para atender às exigências das organizações e para que os times se tornem autossustentáveis e multidisciplinares. Uma equipe engajada traz resultados extraordinários, fazendo com que a organização permaneça alinhada aos desafios e mudanças velozes do mercado.

As organizações que não aderirem a esse modo de liderança estarão fadadas ao fracasso, suas equipes ficarão desmotivadas e desengajadas. Liderança é uma parceria que envolve confiança mútua entre duas pessoas que trabalham juntas. O líder e o colaborador influenciam um ao outro. Ambos cumprem um papel que determina a decisão diante de situações desafiadoras.

Referências

BLANCHARD, Ken. *Liderança de alto nível*. Porto Alegre: Artmed, 2010.

LIPPI, Flavia. *Coaching líder transformador*. Editora Matrix, 2012.

MARQUES, José Roberto. *Feedback com coaching*. Editora IBC, 2016.

_____. *Leader coach*: *coaching como filosofia de liderança*. São Paulo: Literare Books International, 2012.

Coaching no DNA

Capítulo 7

O processo de *coaching* requer força de vontade para atingir a superação

Descubra como o *coaching* pode auxiliá-lo a encontrar o equilíbrio e crescer ao assumir a responsabilidade por suas ações.

Eliza Furucaba

Coaching no DNA

Eliza Furucaba

Personal professional coaching e *leader coach* pela SBC – Sociedade Brasileira de Coaching, MBA em liderança e *coaching*, MBA em gestão de pessoas pela Anhanguera Educacional. Desenvolveu a carreira como profissional de recursos humanos, com experiência em multinacional no Brasil, e vivência profissional no exterior. Atualmente trabalha na área de recursos humanos e como *personal coach*.

Contatos
elizafurukawa@gmail.com
(19) 99903-6111

Eliza Furucaba

No decorrer da vida passamos por momentos bons e outros nem tanto, por situações de alta e baixa emoção, situações com diferentes complexidades que exigem uma força interna que antes não havíamos experimentado.

Quem nunca passou por momentos em que acreditava que estava no último degrau e não conseguiria erguer-se, no fundo do poço? Os que não sabem aonde querem chegar e não acreditam na própria força e potencial geralmente não saem mesmo, perdem-se no meio do caminho.

Para viver bem, precisamos nos conhecer, investir na jornada do autoconhecimento, esclarecer nossas próprias necessidades, definir metas e estratégias para alcançá-las; conhecer e avaliar nossa força interior, nosso potencial e nossas habilidades para saber aproveitar as oportunidades que surgem. E assim aconteceu comigo.

Em vários momentos da minha vida, passei por situações que parecia que tinha levado uma rasteira, mas sempre consegui superar, pois acredito que assim como uma nuvem chuvosa chega, ela se vai, e eu volto a brilhar como uma estrela em uma linda noite de verão. Esse conhecimento consegui aprimorar com o processo de *coaching*, desenvolvi mais o meu autoconhecimento, defini com clareza aonde quero chegar e montei estratégias para atingir.

Aprendi também com o processo de *coaching* a enxergar o lado "positivo" até nos momentos difíceis, assim a situação ficou mais amena, e o equilíbrio ajudou a encontrar novas saídas. Enxergar que ainda não era o momento certo para ocorrer aquela situação e aguardar me mantendo em ação também foi aprendizado do processo de *coaching* e, posteriormente, da minha formação como *coach*. Deixei de responsabilizar os outros; o protagonismo, hoje, guia minhas ações e mostra como e quando estou pronta para colher o mérito por algo, mais do que esperado, construído.

Sem protagonismo, atribuímos os problemas pessoais aos pais, aos irmãos; se profissionais, ao local de trabalho, à empresa em si, ao "chefe", não tentamos enxergar o quanto estamos contribuindo para aquela situação. O protagonismo nos ensina a analisar o nível de nossa própria contribuição para determinado fato ocorrer.

Coaching no DNA

Nada é por acaso, essa é uma grande verdade. Aos 20 anos decidi buscar minha independência financeira fora do Brasil. Sempre tive todo o apoio moral e financeiro dos meus pais, mas, seguindo a febre dos anos 1990, como muitos brasileiros com descendência japonesa, busquei realizar meus sonhos no Japão. Na época, esse país passava por uma fase econômica favorável e milhares de descendentes seguiram para lá em busca de novas oportunidades, e eu também. Meu domínio do idioma era básico, conseguia me defender. Foi com muita força de vontade e como autodidata que conquistei o domínio suficiente do idioma para seguir novos rumos.

Logo que cheguei ao Japão fui trabalhar em uma linha de produção de peças eletrônicas, era trabalho em chão de fábrica, não necessitava aplicar meus conhecimentos técnicos, mas ter agilidade e coordenação com as mãos. Com o intuito de melhorar sempre e dominar o idioma, fui estudando sozinha, buscava traduzir as frases do português para o japonês, assistir aos programas na televisão, procurar no dicionário as palavras que não conhecia, anotando em um caderno; assim, fui ampliando meu vocabulário e aprimorando o idioma japonês, lembrando que naquela época não tinha a facilidade de hoje do Google e do Google Tradutor.

Ao longo dos 16 anos que lá vivi, passei por várias experiências profissionais e pessoais. Nos últimos anos que morei no Japão, trabalhava como tradutora, saí do chão de fábrica e passei a ajudar os brasileiros que não dominavam o idioma. Sei que tudo contribui para nosso crescimento, passei a ser tradutora e acompanhante de pacientes brasileiros sempre que precisavam ir ao médico da seguinte forma.

Casada, eu e Mauro decidimos ter filhos; a primeira gravidez nos trouxe a triste situação do aborto. A partir dessa experiência, fizemos acompanhamento médico. Foram muitas consultas. Fui, então, aprendendo os termos médicos, e logo percebi uma oportunidade profissional. Acreditei em minha capacidade e força de vontade para superar obstáculos, tive apoio da família e até do médico que nos dava o acompanhamento; assim me senti preparada para ser mãe e para divulgar que acompanharia quem precisasse de cuidados médicos, traduzindo as orientações do profissional. Temos duas filhas lindas, nascidas no Japão, a Sabrina Lumi e a Miwa.

A própria prefeitura da cidade onde vivíamos promoveu um curso de tradução e facilitou o encontro entre nós, tradutores, e os pacientes que precisavam dos cuidados médicos.

Conheci o *coaching* já de volta ao Brasil. O processo e as ferramentas, entendo que, de certa forma, eu já utilizava nesse assessoramento. Fui *coach* ao dar apoio a muitos brasileiros em momentos de

Eliza Furucaba

dificuldade com a saúde e até em outras situações, pois passei a ser mais que uma tradutora, fui uma incentivadora e conselheira nas questões de adaptação à cultura e à realidade, tão diferente daquela que os brasileiros conheciam. Fui um meio para ajudar brasileiros e até japoneses natos a alcançarem seus objetivos. Minha atividade era acompanhar as pessoas em situações como: consultas médicas, trâmites em órgãos públicos, escolas, negociações em imobiliárias, renovação de visto etc. Acreditem, foi enriquecedor. Fui cadastrada em hospitais e órgãos da prefeitura, assim era convocada para acompanhamento de estrangeiros, e essa atividade passou a ser minha profissão.

Acompanhei vários casos, compartilho alguns. Uma jovem, Adriana, de 14 anos, que, recém-chegada ao Japão, logo ingressou no Ensino Fundamental, Ginásio, sem nenhum domínio do idioma. Uma ou duas vezes por semana, por duas horas, eu a acompanhava, ia à escola e tirava dúvidas entre ela e a professora. Também servia como uma ouvinte, pois ela compartilhava suas dificuldades, e eu a incentivava, dava apoio levando-a a procurar meios para superar as dificuldades e conseguir alcançar seus objetivos. Hoje ela ainda mora no Japão, está feliz e nos falamos de vez em quando pela *Internet*. Ouvi recentemente como fui importante naquele momento da vida dela. Gratificante!

Outro caso que acompanhei foi o de um casal com dificuldades para engravidar. Buscamos diagnosticar o motivo, Vanessa passou por cirurgia, dei todo o acompanhamento. Dois anos depois, novo diagnóstico difícil, eu junto deles, dando apoio para que ela acreditasse que alcançaria seu objetivo maior. Recebemos juntas a boa nova, Vanessa engravidou de forma natural, e hoje tem um casal de filhos, mora com a família em Ilha Solteira e considera nosso apoio e a benção de Deus como responsáveis por tanta felicidade.

Foram vários os casos que acompanhei no Japão. Em razão dos problemas de saúde e da dificuldade de comunicação, as pessoas estavam em uma situação de fragilidade e, por vezes, desmotivadas. Enquanto aguardávamos o momento da consulta, de uma a duas horas, ouvia suas dificuldades, suas experiências. Acolhia, transmitia conforto, e tentava fazer com que a pessoa acreditasse em sua cura, na superação daquele problema. Sim, nem sempre eu tinha uma solução, mas o fato de ouvir aquela pessoa certamente aliviava o sentimento comprimido dentro de sua alma. Os abraços ao final desses encontros eram especiais, de pura gratidão. Felizmente, em quase todos os casos, os resultados foram positivos. O "boca a boca" funciona sempre e diariamente eu conhecia e auxiliava novas pessoas. Em alguns casos, pediam que eu decidisse por elas, porém, como no *coaching*, eu não podia interferir na decisão e ajudava a verem os pontos positivos e negativos, ou seja, os prós e contras antes da decisão final.

Coaching no DNA

Tais atendimentos trouxeram novas oportunidades e conhecimentos, novas habilidades foram aflorando e me levando para outro caminho. Foram tempos de grande desenvolvimento. Assim, após 16 anos, retornamos, com uma linda família, ao Brasil. Um recomeço, um novo ciclo com base nas experiências e nos conhecimentos adquiridos lá também. Voltei ao Brasil com emprego garantido nos Recursos Humanos de uma multinacional japonesa, cujo cargo exigia conhecimento dos idiomas japonês e português e experiência com pessoas. Auxiliei na interpretação de documentos e adaptação de inúmeros executivos que, vindos do Japão para trabalhar na filial brasileira, sentiam dificuldade com a cultura e o idioma. No Brasil, com minha família, experimentei o movimento inverso. Como voltei com as minhas filhas, facilitei a adaptação delas ao Brasil. Nossas meninas tinham como idioma nativo o japonês e foram estudar em escolas brasileiras. A partir da experiência de dar suporte à jovem brasileira em escola japonesa, ajudei minhas filhas a enfrentar e superar as dificuldades em escola brasileira. Foi com esforço e dedicação que elas conseguiram, e a mais velha, neste ano de 2019, ingressou no primeiro ano do curso de Direito. Foi uma grande conquista, um grande orgulho para mim e para meu marido. Pude ser a *coach* das minhas duas filhas no momento de adaptação e superação, tal qual fui da jovem estudante no Japão, anos atrás.

Ao ser convidada para fazer parte deste livro, como coautora, disse de imediato que tenho o *coaching* em meu DNA, pois tudo o que relatei anteriormente demonstra essa qualidade. Em minha primeira experiência de escritora, aqui aproveito toda a garra desenvolvida ao longo dos anos, tanto lá quanto cá, para superar mais este desafio.

Prezado leitor, digo a você que, se algo inesperado acontecer, acredite em seu potencial. Invista em se conhecer melhor, em resgatar suas experiências ao longo da vida, como estou fazendo agora, ao compartilhar com você memórias que me levam a sentir gratidão por tudo o que experimentei e esperança por tudo o que está por vir. Hoje sei que tudo acontece porque precisamos mudar, rever nossos conceitos, e estamos preparados para aquela mudança. Quando conseguimos enxergar esses novos fatos com bons "olhos", passamos a superar momentos ruins, aprendendo com cada fato a aprimorar nossa força.

Hoje, como *coach*, dentro e fora da empresa onde trabalho, ensino que tudo faz sentido, tudo está certo e sempre podemos superar dificuldades atingindo objetivos cujos resultados podem chegar além de nossas expectativas mais otimistas!

Coaching no DNA

Capítulo 8

Transforme-se a fim de melhor transformar o outro

É preciso um certo grau de sabedoria para reconhecer que estamos suficientemente maduros, se quisermos de fato ajudar outros seres humanos. Em função disso e preservando a identidade das pessoas envolvidas, contarei um fato real que me levou a um grau de amadurecimento como *coach* e que vale a pena compartilhar, no desejo de auxiliar no desenvolvimento de meus pares.

Giani Savi

Coaching no DNA

Giani Savi

Membro-fundadora do International Coaching Federation do Paraná. *Coach* de Carreira e *leader coach* pelo Instituto Brasileiro de Coaching, certificada pela European Coaching Association, Behavioral Coaching Institute, Metaforum Internacional, Global Coaching Community e International Association of Coaching. Os mais de 20 anos de experiência em empresas multinacionais de grande porte deram a ela bagagem para criar a GSAVI Coaching, na qual atua com foco em Desenvolvimento de Competências, Transição de Carreira e Orientação Profissional. É analista comportamental habilitada na interpretação e aplicação de testes comportamentais. Pedagoga, especialista em Administração de Recursos Humanos pela Universidade Federal do Paraná e Comunicação e Cultura pela Universidade Positivo. Os estudos profundos em Neurociência e no funcionamento do cérebro humano contribuem com suas palestras, treinamentos comportamentais e atendimentos a executivos, como também a profissionais em geral.

Contatos
www.gsavicoaching.com
contato@gsavicoaching.com
(41) 99183-6328

Giani Savi

Era setembro, um final de semana ensolarado, e eu estava em São Paulo para um curso de Neurociência aplicada ao Ambiente Corporativo. No momento em que me sentei para tomar meu café da manhã no hotel, fui abordada por uma sorridente jovem enquanto lia meus *e-mails* rapidamente entre um gole e outro. Ela, muito simpática, perguntou se poderia dividir a mesa comigo, pois o local estava lotado, e eu rapidamente respondi que sim. Falei do tempo, pois é quase sempre assim que os curitibanos começam um diálogo com alguém que não conhecem ainda. Muito depressa, sem eu nem perceber, já falávamos de trabalho e do porquê de minha ida a São Paulo. Entre um papo e outro, contei da minha paixão por contribuir para a transformação profissional dos seres humanos e pelo funcionamento do cérebro e suas muitas – ainda desconhecidas – funções. Ela, por sua vez, falava sobre sua jovem carreira de engenheira mecânica e sobre a visita à cidade para curtir um *show* de algum cantor. Por fim, após a longa conversa que tivemos, acabamos trocando cartões e eu fui rumo ao que me trouxe à capital dos negócios.

Para minha surpresa, algumas semanas depois, esta mesma jovem me procurou dizendo que havia se identificado muito com tudo o que conversamos naquele dia e que gostaria de mais informações sobre o processo de *coaching* de carreira.

Ela contou que havia acabado de ser demitida e que sentia que estava na hora de parar e entender o que estava acontecendo. Então enviei um cadastro com algumas perguntas importantes para que eu entendesse sua trajetória profissional e, com as respostas que ela enviou, começamos nosso bate-papo. Você que leu este relato até aqui deve estar se perguntando: mas o que este caso tem de diferente de um atendimento normal de *coaching*?

É verdade, até aquele momento tudo corria como previsto em qualquer processo. Até eu me deparar com a seguinte resposta a uma pergunta do cadastro:

"Você já sofreu ao longo de sua carreira alguns sintomas de depressão, ansiedade, síndrome do pânico, bipolaridade ou algo correlato? Está tomando, ou já tomou, algum medicamento controlado?"

Resposta: Sim.

Coaching no DNA

É importante ser feito esse tipo de pergunta pelo profissional de *coaching* para entender a situação real do profissional e se de fato se trata de um caso para um profissional de *coaching* ou para um terapeuta.

Ela explicou que foi diagnosticada com bipolaridade no terceiro ano da faculdade, mas que estava tudo sob controle. Naquele momento, eu conhecia muito pouco sobre o tema.

Durante o diagnóstico, tentei entender se a doença não seria um empecilho para nosso trabalho de construção, se realmente o caso seria para *coaching* e se eu teria competência para atendê-la. Eu me sentia incomodada com o fato de ela não estar mais sendo assistida por um psicólogo, somente por um psiquiatra para prescrição de remédios.

A cliente tentou me acalmar, me explicou que teve um surto de ansiedade em função de provas na faculdade, trabalhos excessivos, que fez seis meses de terapia e que já tinha sido liberada das sessões. Que isso tudo aconteceu já fazia muito tempo, que estava medicada há bastante tempo e que tudo estava controlado.

Eu ainda fiquei com uma pulguinha atrás da orelha, mas quando eu vi seu currículo, sua trajetória profissional, inteligência e curiosidade, não tão típicos dos jovens da mesma idade, resolvi aceitar o desafio.

No entanto, durante minha análise, algo chamou minha atenção: com 28 anos de idade, ela já havia passado por diversas empresas, não permanecendo nelas por mais de dez meses. A maioria não passava do terceiro mês. Se levarmos em consideração que o curso de engenharia leva de cinco a seis anos para ser concluído, assim mesmo ela havia trabalhado em muitas empresas. Refleti, pensei e tentei me convencer de que a geração dela era assim mesmo, tem mais desprendimento e desapego às empresas e que, se não está feliz e alinhada ao propósito, costuma sair! Além disso, se o *coachee* não tem um bom autoconhecimento, pode fazer escolhas equivocadas, por exemplo: ter escolhido empresas em que os valores não estavam alinhados ao seu perfil.

Acabei dando mais importância ao meu ego, estava feliz por ter fechado um processo com uma pessoa com um perfil interessante, ex-aluna de uma das melhores escolas de engenharia do país. Já imaginava o quanto aprenderia com nossas trocas, seria um perfil desafiador, o que me deixou muito motivada. Tudo o que eu queria naquele momento estava ali na minha frente, já havia analisado todas as variáveis, e foi assim que dei partida a esse processo de *coaching* de carreira.

O início

Mesmo que estejamos convencidos de que somos seres racionais, com frequência nossas decisões são irracionais e fortemente influenciadas por circunstâncias externas, por informações e percepções com as quais acabamos de entrar em contato e por nossas intuições imediatas.

Giani Savi

A intuição é adaptável e nos permite tomar decisões rápidas em situações complexas. Só que ela pode nos iludir na medida em que nos leva a pensar, sem motivo, que fizemos uma escolha racional, escolha que na verdade exige mais tempo e reflexão. E naquele caso não foi diferente, tomei a decisão muito mais pela intuição e analisei os fatos superficialmente.

Durante as primeiras sessões, percebi a jovem bem interessada. Fazia muitas perguntas, o que achei normal por ser um perfil da área técnica e nunca ter feito de fato um trabalho como aquele. Até que os sinais da doença foram aparecendo.

Os especialistas afirmam que a bipolaridade é caracterizada pela alternância, ao longo da vida, de momentos de depressão e euforia (ou mania), que podem ser leves, moderados ou graves. Segundo a *coachee*, a sua era leve e estava controlada.

O transtorno bipolar atinge o corpo e a mente, causando prejuízos para as atividades intelectuais, o trabalho, os relacionamentos e, em casos mais graves, até para os cuidados vitais, como higiene, alimentação e sono. Comecei a perceber que ela fazia durante as madrugadas as ações estabelecidas na sessão anterior. Como ela não estava trabalhando, poderíamos fazer as sessões pela manhã, mas assim mesmo ela não conseguia acordar porque tinha muita insônia. Como era muito inteligente e com uma boa desenvoltura, já nos primeiros dias em que começou a divulgar seu currículo, foi sendo chamada para entrevistas em algumas empresas interessantes. Naquele momento sua atitude começou a chamar minha atenção: mostrava uma impaciência excessiva com as marcações para as datas das entrevistas, me ligava e me mandava mensagens o tempo todo questionando o tempo de espera, durante o dia ou a noite. Tinha preocupação e inquietação com os mínimos detalhes do perfil da vaga e, quando chegava o dia de fazer os testes escritos, se perdia no tempo e não conseguia completá-los, dizendo que precisava de mais tempo. Quando passava de fase e vinham as entrevistas, ficava feliz demais e depois superansiosa. No momento da conversa com o responsável da empresa, tinha "brancos" e não conseguia expressar de fato o que gostaria e havia planejado. Acabava ficando muito triste e, ao mesmo tempo, iniciava-se uma fase de tagarelice interna, cobrando-se o tempo todo, repensando o que aconteceu em detalhes e fazendo análises subjetivas intensas e prolongadas.

O conflito

Foi nesse ponto que as coisas começaram a ficar complicadas. Conforme ela vivenciava diferentes frustrações no processo de recolocação profissional, começou a desconfiar do processo de *coaching* como um todo.

Coaching no DNA

Mesmo estando no início do processo e a recolocação não sendo o objetivo principal do nosso trabalho e, sim, o autoconhecimento, ela passou a questionar, compulsivamente, todos os autores das metodologias aplicadas, as tarefas feitas, chegando até a questionar a veracidade das teorias trabalhadas. O mais interessante é que, na sessão seguinte, se comportava e falava como se nada tivesse acontecido. Era uma inconstância direta, de manhã a pessoa tinha uma opinião sobre algo, de tarde era outra e durante a noite era outra completamente diferente.

A partir do momento em que a cliente começou a questionar e enfrentar abertamente minha capacidade profissional, eu, sem perceber, entrei no jogo dela. Afinal, mesmo eu sendo uma profissional com muitos anos de mercado, também sou um ser humano. Para alguém que sempre estudou muito e leva muito, mas muito a sério, a profissão, foi simplesmente desafiador. Eu entrei numa espiral de desconforto e sofrimento e não conseguia sair. Cada vez que me sentia julgada, eu me desestruturava e começava a achar que realmente não era capaz, mesmo depois de ter conquistado muitos resultados positivos em minha carreira.

A solução

Foi nesse momento que resolvi buscar ajuda num processo de supervisão em *coaching* com um mentor, que, além de *coach*, era também psicólogo e tem muitos anos de experiência. Começamos a estudar o caso, juntamente com um grupo de colegas da área. Além disso, busquei também um psicólogo e um psiquiatra para esclarecer minhas dúvidas e receber informações sobre a doença.

Após tudo isso e para refletir melhor sobre o caso, resolvi pegar uns dias de pausa e fui viajar sozinha para tentar entender tudo que havia ouvido dos especialistas e também da minha *coach*. Sim, todo *coach* deve ter seu *coach*!

Depois do processo de supervisão, mais a ajuda dos outros profissionais, ficou claro para mim que aquela cliente não era para um processo de *coaching* de carreira. Não naquele momento!

Foi então que decidi ter uma conversa franca com ela, informei-a que terminaríamos o processo por ali, pois eu não tinha mais capacidade de guiá-la rumo aos seus objetivos profissionais.

Preparar-me para aquela conversa não foi fácil, pois eu sabia que, ao assumir que não tinha capacidade de ajudá-la, mexeria demais com minhas estruturas internas. Só que eu não podia deixar de lado a autorresponsabilidade e a responsabilidade que eu tinha com aquele ser humano que estava na minha frente. Mesmo sabendo da minha missão de conduzir as pessoas a desenvolver a confiança em si mesmas, em

Giani Savi

suas habilidades pessoais e na liderança de suas próprias vidas profissionais, naquele momento e naquele caso não seria possível.

Como disse anteriormente, eu também sou um ser humano e tive que aceitar que aquela cliente não era para mim.

Eu precisei parar e me voltar para meu "eu interior" e entender o que estava acontecendo. Foi necessário passar do sentimento de desespero, autojulgamento para o desejo de reencontrar meu equilíbrio e voltar a restabelecer uma relação mais calorosa comigo mesma. Sentir compaixão por meu próprio sofrimento, em vez de me julgar de forma rigorosa. Ser humilde e aceitar que eu também precisava de ajuda naquela hora, e ter ótimos profissionais a minha volta foi primordial e muito importante.

O elogio é uma preocupação tão importante quanto a crítica, porque ambos fortalecem ainda mais o ego e intensificam o temor de perder a boa reputação. Quando o desapego ao ego se desfaz, o alvo desaparece e voltamos ao equilíbrio.

Uma mente forte é uma mente resiliente, que sabe administrar de maneira adequada os acontecimentos da vida, que não se sente insegura e está aberta aos outros e aos acontecimentos. O ego precisa estar fraco para que a mente seja forte.

Sou uma profissional apaixonada pelo aprendizado contínuo e entendi que devemos chegar a um acordo entre o tempo que dedicamos a nosso próprio desenvolvimento interior e o tempo que sobra para ajudar a melhorar a situação do mundo.

É preciso ter alcançado um certo grau de sabedoria para reconhecer que estamos suficientemente maduros se quisermos de fato ajudar os outros.

A autorresponsabilidade e a autocompaixão nos beneficiam nesse processo de construção. Por isso, gostaria de alertar a todos os profissionais que possuem como missão de vida a transformação do outro: antes de começar a exercer qualquer tipo de trabalho que envolve outro ser humano, precisamos nos transformar primeiro. Esse trabalho precisa ser contínuo, primeiro aperfeiçoamos nosso telescópio interior para depois compreender o mundo exterior. A autorresponsabilidade deve ser primordial em nossa profissão!

Referências

SINGER, Wolf. *Cérebro e meditação*. São Paulo: Editora Alaúde, 2017. p. 183-207.

COSENZA, Ramon. *Por que não somos racionais*. Porto Alegre: Artmed, 2016.

JAMISON, Kay. *Uma mente inquieta*. São Paulo: Martins Fontes, 1995.

Coaching no DNA

Capítulo 9

3P's: positividade, produtividade e prosperidade

Com a abertura do mercado e o acesso rápido às informações, o estresse e a ansiedade por resultados imediatos passaram a fazer parte da vida das pessoas. Neste capítulo, será apresentado um método para combater essa realidade, alcançar o bem-estar e tornar a vida mais positiva, produtiva e próspera.

Gilmara Marinho

Coaching no DNA

Gilmara Marinho

Mestre em administração e organização; especialista em gestão de pessoas. Atua como professora, palestrante e educadora de profissionais. *Coach* de desenvolvimento humano com ênfase profissional, há mais de 20 anos na área de recursos humanos. Já atendeu empresas nacionais e multinacionais de diversos segmentos.

Contatos
gilmara_marinho@yahoo.com.br
(31) 99967-7116

Gilmara Marinho

Primeiro P – Positividade

A positividade é uma pílula de uso contínuo e sem contraindicações, prescrita por vários autores. Para cada pensamento negativo, pense em três situações ou pessoas que trazem o sentimento de gratidão, transformando o pensamento negativo em positivo.

A recomendação foi comprovada por vários clientes, como Mauro, que precisava apresentar uma proposta à diretoria, mas se perdia na argumentação (mesmo dominando o assunto), e remarcava reuniões. Perguntei como se sentiu e ele me respondeu que pensava todo o tempo na reprovação do projeto e sentia que estava perdendo tempo ao explicar a sua ideia.

Esses pensamentos e sentimentos estavam ocultos e implícitos, assim como as raízes de uma árvore. Diante desse contexto, apresentei ao cliente a técnica de permutar pensamentos negativos em positivos e, durante a sessão, ele me perguntou:

— Você acha que são esses pensamentos negativos e esse sentimento de rejeição que atrapalham a minha apresentação?

Imediatamente, questionei:

— Quais foram as razões para a diretoria solicitar uma nova reunião?

Após um período de silêncio, o cliente respondeu:

— Eu não fui convincente, pois, a todo o momento, os meus pensamentos eram negativos.

Perguntei novamente:

— Se você fosse persuasivo, a diretoria aprovaria a sua ideia? O que pode ser feito de forma diferente?

E ele respondeu:

— Eu posso mudar os meus pensamentos e pensar em ideias que levem a diretoria a aprovar o projeto.

Então, utilizamos o método GROW (*goal* – metas; *reality*–realidade; *options* – opções; *will* – o que, quando, quem). Qual resultado você quer com a reunião? Qual a sua percepção sobre o momento atual? Quais seriam as opções para convencer a diretoria? Qual seria a maneira de abordar o assunto? Quando irá agir?

Coaching no DNA

Uma nova reunião foi agendada e o meu cliente tomou a pílula da positividade. O resultado? Apresentou a proposta à diretoria em tempo recorde (20 minutos) e teve a sua ideia aprovada e amplamente elogiada.

A diretoria sugeriu que todos os presentes na reunião seguissem a estrutura de apresentação nas próximas reuniões. E você sabe o que havia mudado na estrutura visível da reunião? Nada, absolutamente nada. Então, o que mudou para que os resultados fossem diferentes? Resposta do Mauro: "Meus pensamentos".

O cliente fortaleceu as suas raízes, tomando a pílula da positividade. O autoconhecimento e o transmutar de pensamento negativo (a diretoria não irá aprovar) para positivo (a minha ideia é relevante, importante e trará um diferencial) elevou a autoconfiança e os resultados foram espetaculares.

Segundo Timothy Gallwey, quando vencemos o nosso principal oponente (pensamentos e sentimentos negativos) por meio do autoconhecimento, damos o primeiro passo para alta *performance*. "O adversário dentro da própria cabeça é mais formidável do que o outro do lado da rede."

No contexto do meu cliente, os embates internos comprometiam o desempenho e os resultados. Esse foi apenas um exemplo de como utilizar a pílula da positividade, para ter mais produtividade e, consequentemente, prosperidade.

Segundo Harv Eker: "Pensamentos conduzem a sentimentos. Sentimentos conduzem a ações. Ações conduzem a resultados". Se nutrirmos pensamentos positivos e sentimentos admiráveis, consequentemente as nossas ações serão surpreendentes. Há estudos que indicam que precisamos de menos de dois minutos para transmutar pensamentos e modificar o nosso cérebro para melhor. Então, precisamos utilizar o cérebro a nosso favor.

Walt Disney dizia: "Se você consegue sonhar algo, consegue realizar". William Henley, autor dos versos que inspiraram Nelson Mandela, também disse: "Eu sou o mestre do meu destino, eu sou o capitão da minha alma". Quem comanda o nosso destino e nos leva até nossos sonhos é a nossa mente. Ela é capaz de levá-lo ao lugar que está sempre nos seus pensamentos. Em que você pensa com frequência?

Segundo P – Produtividade

O segundo passo é a produtividade. Produtivo é aquele que produz, que é fértil, proveitoso. Ela está relacionada a todos os aspectos da nossa vida: trabalho, renda, saúde, relacionamento e espiritualidade. Um dos aspectos da produtividade é o foco. Foco é o "ponto para o qual converge alguma coisa; ponto de convergência" (FERREIRA, Aurélio, 2004).

Gilmara Marinho

Conceitualmente, o foco é a capacidade de canalizar energia e esforços para alcançarmos algo. Como o ditado popular: "Tudo que foca expande". Ou seja, foco é a canalização da energia de forma eficiente, para agirmos em prol dos nossos sonhos. Para alcançá-lo, é importante cuidarmos do essencial e descartarmos as distrações, renunciando às atividades menos relevantes no momento.

Grec McKeown, em seu livro *Essencialismo*, traz uma figura que aponta o caminho para fazer as coisas certas, do jeito certo e na intensidade correta, sem desperdício de energia. Na imagem da esquerda, a energia é distribuída em várias atividades. Na da direita, a energia é dedicada a uma única atividade por vez. Veja que, nesse último caso, a potência da energia e o seu alcance são muito maiores.

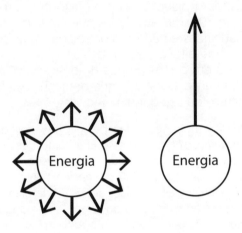

Algumas pessoas têm mais dificuldade de lidar com as distrações, sejam internas (pensamentos, sentimentos, lembranças etc), ou externas (redes sociais, volume de informações, ambiente barulhento e tudo mais que nos rodeia). Diante de tanta informação, ter conhecimento das nossas vulnerabilidades em lidar com as distrações internas ou externas é o caminho.

Segundo Barbosa (2018), existe uma tríade que revela como utilizamos o nosso tempo. A primeira esfera, chamada de importante, são as atividades que você faz e que têm importância na sua vida. A segunda, urgência, são as que estão próximas e com tempo muito curto para realização. E a última, circunstancial, são as atividades feitas por comodidade ou por serem "socialmente" aceitas.

De acordo com o autor, a tríade ideal é termos 70% das atividades classificadas como importante, 20% como urgente e 10% como circunstancial.

Coaching no DNA

Para auxiliar no planejamento do tempo, criei um método empírico, simples e prático: o 3P's. A ferramenta consiste em planejar e acompanhar a realização das atividades, diariamente (15 minutos de avaliação), durante uma semana. Após os sete dias, planeje a semana e faça uma avaliação semanal por três semanas. Depois, repita o processo planejando um mês.

Durante esse período de quatro semanas, classifique as atividades em duas esferas: importantes e demais. Assim, é possível conhecer de forma macro os maiores consumidores do seu tempo e qual o percentual de conclusão do plano.

Diariamente, no momento de avaliação, questione: "O que eu fiz para atingir este resultado? O que posso fazer melhor amanhã?". E, quanto mais concluímos o nosso plano, mais produtivo nos tornamos. Esse método revela que 30% das atividades que consomem o nosso tempo não foram planejadas e não são controladas, mas podemos controlar e dedicar o nosso foco nos outros 70%.

Compartilhei esse método em cursos de pós-graduação (MBA's) em que ministro a aula de liderança. Um aluno que praticou o método e fez dele um hábito me enviou seu depoimento:

> Quando me propus a fazer esse MBA, sabia que teria *networking* e progresso. Entretanto, não imaginava que o módulo que você ministrou, liderança, fosse tão fantástico. Principalmente, pelo método simples e de fácil aplicação de planejamento e administração do tempo que mudou a minha vida. Assim como cita Anthony Robbins, em *Desperte seu gigante interior:* "Líderes são indivíduos que vivem por convicções fortalecidas e ensinam os outros a explorar o seu potencial, mudando as convicções que os limitavam". Dessa forma, espero que você continue a inspirar e a ensinar seus alunos e clientes o compromisso de serem profissionais no que fazem e a busca contínua pela produtividade e excelência.
>
> **Carlos F. Machado – contabilista e advogado, sócio da ConPlus Gestão Contábil Ltda.**

O terceiro P – Prosperidade

Prosperidade é ser propício, favorável, ditoso, afortunado. Recorrendo aos conceitos matemáticos: prosperidade é a soma da aplicação do pensamento positivo + atitudes produtivas. Quanto mais

Gilmara Marinho

potencializarmos um dos P's (positividade ou produtividade), maior a prosperidade. Assim, para compreender melhor esse tema, também é necessário entender mais sobre o cérebro humano.

Dr. Paul Maclean, chefe da Brain Evolution For The National Institute Of Mental Health, criou o conceito do Cérebro Triuno (três em um), composto por três sistemas: reptiliano (tronco cerebral – padrões automáticos e rotinas ligadas à sobrevivência), límbico (situado entre o tronco cerebral e os hemisférios, onde se originam as emoções) e neocórtex (dividido em hemisfério direito e hemisfério esquerdo – chamado de racional).

Nesse momento, o nosso interesse está no sistema límbico, em função da sua importância em mobilizar o potencial humano. O límbico é o "vulcão das emoções", o cerne da busca pelo prazer e pela prosperidade.

Paul afirma que o nosso cérebro não distingue o real do imaginário e que o sistema límbico reage e responde aos estímulos, independentemente de ser verdadeiro ou fictício. O nosso límbico, ao dar respostas aos estímulos, mobiliza o sistema endócrino glandular e arsenal do organismo, o que gera uma série de respostas fisiológicas e emoções. Cientes dessa condição cerebral, qual o motivo de não utilizarmos as imagens mentais para mobilizar o nosso potencial?

Seja o escritor da sua biografia positiva e comece a encenar o seu filme de amor, conquistas, realizações, abundância e prosperidade. Esse pode ser programado para passar em sua tela mental, constantemente, até que as imagens e emoções se fixem no sistema cerebral.

O que você acha de fazer um filme positivo e próspero? Como ele será? Quais serão os personagens? Quais serão as cores? Quais serão as imagens? Quais sentimentos estão aflorados? Exercite a imagem mental constituída pelos resultados positivos que deseja obter.

Lembre-se de que o cérebro não distinguirá uma imagem produzida de uma real percebida pelos sentidos. De qualquer forma, os efeitos produzidos serão como se fossem reais.

Caso você decida fazer este exercício mental, seguem algumas regras: 1 – ter um verdadeiro objetivo e sonho para fixar na tela mental; 2 – repetir várias vezes a visualização. Quanto mais avigorar a imagem mental, mais próximo estará de alcançar o seu objetivo. Com certeza, as oportunidades de conquista se multiplicarão.

T. Harv Eker descreve o ciclo do pensamento: "Pensamentos conduzem a sentimentos. Sentimentos conduzem a ações. Ações conduzem a resultados". Para obter resultados favoráveis, escolha focar no positivo e reduzir os pensamentos negativos, deixe-os para os momentos de dor não controláveis, tais como a morte, acidente etc.

Como já dito, os estudos científicos indicam que basta apenas 12 segundos de foco em pensamentos positivos e bons sentimentos para

Coaching no DNA

que as nossas atitudes sejam boas. Há pouco tempo comecei a incorporar esse hábito de pensar de forma positiva e a fazer o que é essencial, planejando melhor o meu tempo e classificando as minhas atividades.

Posso afirmar que as transformações na minha vida foram incríveis. No começo, parecia um fingimento e, por muitas vezes, me esforcei para vencer a "tentação" de desistir. Tive muitos momentos de questionamento, como: "Se a honestidade é um valor para você, por que está fingindo? Já que é tão eficaz, por que poucas pessoas realizam seus sonhos? Qual o motivo da maioria das pessoas não conseguir cumprir planos no início de um ano? Será que esses estudos não são falso negativo?

Entretanto, continuei firme, praticando dia a dia, estudando, lendo, lendo e lendo. Alguns livros foram citados aqui. Com o passar do tempo, os pensamentos contraditórios foram reduzindo e a prática do pensamento positivo foi ficando mais simples e natural. Claro que, em alguns dias, tive recaídas, mas a minha voz da persistência venceu.

A prosperidade se inicia por uma disposição da mente em prosperar e seguir os seus sonhos. Busque a felicidade e a prosperidade, avalie, aprenda e faça o seu caminho. Obrigada por permanecer comigo até agora e que você tenha uma vida próspera.

Referências

BARBOSA, Christian. *A tríade do tempo*. São Paulo: Buzz Editora, 2018.

EISNER, Michael. *O jeito Disney de encantar os clientes*. São Paulo: Saraiva, 2011.

EKER, T. Harv. *Os segredos da mente milionária*. Editora Pensamento, 2006.

FERREIRA, Aurélio Buarque de Holanda. *Novo dicionário*, 2004.

GALLWEY, W. Timothy. *O jogo interior de tênis*. São Paulo: Textonovo, 1996.

MCKEOWN, Greg. *Essencialismo: a disciplinada busca por menos*. Sextante, 2015.

HANSON, Rick. *O cérebro e a felicidade*. São Paulo: Editora WMF Martins Fontes, 2015.

HILL, Napoleon. *Quem pensa enriquece*. São Paulo: Editora Fundamento Educacional Ltda., 2009.

Coaching no DNA

Capítulo 10

A arte de influenciar pessoas – como ser luz em um mundo repleto de escuridão

Sua vida pode ser muito melhor. Ela pode ganhar sentido e propósito. A arte de desenvolver pessoas é muito mais do que um método eficaz, é um estilo de vida, uma visão do mundo que traz sempre felicidade e contentamento. Nas próximas páginas, a mensagem central é apenas uma: amor. É para isso que você foi chamado, para amar as pessoas e ajudar, contribuir e servir para que suas vidas alcancem outros níveis. Acredite, essa é a vida que vale a pena ser vivida.

Guilherme Ferrari

Coaching no DNA

Guilherme Ferrari

Palestrante e escritor. É fundador e professor da Escola Motivação, que visa oferecer aulas e conteúdos que promovam transformações na vida das pessoas. Formou-se em Gestão de Recursos Humanos (Unifaat) e se dedica a estudar o comportamento humano e a palavra de Deus, criando experiências de aprendizagem, transformando conhecimentos em resultados. Suas palestras e ministrações já impactaram milhares de pessoas com sua maneira simples e dinâmica de se comunicar.

Contatos
www.guilhermeferrari.com.br
contato@guilhermeferrari.com.br
Instagram: guilhermeferrarioficial
Facebook: Guilherme Ferrari Oficial
(11) 97180-9689

Guilherme Ferrari

O *coaching* treina e capacita, mas somente a palavra de Deus é que realmente transforma o ser humano.

M ais do que nunca as pessoas precisam de ajuda. Nunca se viu tanta coisa errada. O mundo grita por ajuda, e ajudar, treinar e capacitar pessoas é a única solução verdadeira a longo prazo.

Para tanto, acredite, esse desenvolvimento pode ser mais simples e eficaz do que pensamos. Ao institucionalizarmos o desenvolvimento humano, deixamos milhares de pessoas incrivelmente poderosas morrerem no anonimato. Creditamos valor somente às pessoas de palco, com suas roupas e falas protocolares, e nos esquecemos de voltar aos padrões básicos de desenvolvimento pessoal, deixando de notar belos exemplos e apaixonantes culturas, costumes e hábitos que realmente mostram os bons pilares do caráter humano, dos fundamentos do coração e a beleza das emoções.

Com tantas palestras, treinamentos e cursos, qual a razão de tanto caos, casamentos desfeitos, famílias destruídas, carreiras profissionais frustrantes, falta de contentamento, desequilíbrio emocional e, sobretudo, falta de propósito para se viver uma vida efêmera num mundo veloz?

A escuridão que preenche nosso mundo é camuflada de cobiças, vaidades e egocentrismos. Em todos os lugares que possamos ir, encontraremos, uma hora ou outra, a ausência de luz, isto é, o aparecimento da escuridão que tem afetado drasticamente as pessoas, suas famílias e seus negócios. Conseguimos eliminar a escuridão somente com a presença de luz, logo, com pessoas que exerçam influência e ajudem (iluminem) outras pessoas a se transformarem.

Estamos cada vez mais interessados em brilhar do que iluminar. O problema é que esse é o primeiro passo para que a escuridão entre em nossos ambientes.

Ser luz em nosso contexto não se trata de subir em um palco com um microfone e ministrar palestras. Ser luz não significa brilhar. Ser luz significa iluminar a vida de outros e, para que isso possa acontecer de maneira eficaz, precisamos aprender os princípios da influência interpessoal. Influenciar é o requisito básico para que possamos desenvolver alguém e possamos compreendê-lo por meio de quatro princípios bíblicos fundamentais: amor, humildade, sabedoria e misericórdia.

Coaching no DNA

Vamos entender, por meio de princípios bíblicos, como ser verdadeiramente influentes (luz) em nossos meios e assim eliminar de vez qualquer escuridão; porém, antes de compreendermos tais princípios, torna-se importante conhecermos as três necessidades básicas de qualquer ser humano, a saber: ser amado, ser ouvido e ser compreendido.

Para que possamos exercer uma influência eficaz nas pessoas ao nosso redor, esses requisitos precisam ser preenchidos em nossas vidas. Assim, conseguimos ser instrumentos para que esses requisitos sejam preenchidos em outras pessoas também.

Desde nosso nascimento até os dias de hoje, carregamos conosco, dentre outras necessidades, essas três importantes áreas da nossa existência (ser amado, ouvido e compreendido) que precisam ser levadas em consideração. Ao notarmos seus impactos em nossa evolução, podemos aprimorá-las e, portanto, ajudar nosso próximo nessas áreas predominantes. E por mais que tais necessidades não tenham sido preenchidas em sua vida, e talvez você creia que não possa ser luz (influente), há uma ótima notícia para você, apenas "entenda".

Três necessidades básicas dos seres humanos:

☑ **Ser amado:** precisamos nos sentir aceitos, acolhidos e protegidos. Precisamos saber que alguém fez e faz algo por nós tão grandioso e inigualável. Essa percepção muda nossa história, transforma nossas vidas. Quando essa necessidade é negligenciada, não nos sentimos completos e buscamos encontrar amor em outras coisas, e não pessoas.

Entenda: Deus o amou de tal maneira que deu seu filho para morrer por você em uma cruz para que você pudesse ter vida plena e vida em abundância. Jamais você terá uma prova de amor como essa.

☑ **Ser ouvido:** exclamamos com o nosso falar ou com a nossa linguagem corporal a nossa necessidade de que as pessoas estejam atentas aos nossos sonhos, planos, objetivos e dúvidas. Queremos, gritando ou sussurrando, notar que estão sensíveis ao nosso falar e que estão nos ouvindo em essência. Quando isso não acontece, deixamos de desenvolver nossa sensibilidade e vamos guardando tudo no baú de nossas emoções.

Entenda: Deus sempre inclina seus ouvidos aos seus filhos. Ele sempre está atento a um coração ardente em querer falar com ele, portanto Ele sempre ouvirá seus choros, gritos, anseios e sonhos. Essa verdade deve inundar sua alma.

Guilherme Ferrari

☑ **Ser compreendido:** além de desejarmos ser ouvidos, queremos ser compreendidos. Nosso anseio real não é nem que sejamos aceitos e que todos concordem conosco. Acima de tudo, o respeito por nossas dores, emoções e por nossa história devem prevalecer, e isso faz toda a diferença em nosso desenvolvimento pessoal.

Entenda: o que torna Deus tão grandioso é sua capacidade de nos amar incondicionalmente e, por isso, nos compreender em nosso mais profundo ser. Mesmo com nossas imperfeições, com nossos erros e com nossas intenções erradas, ele continua a nos compreender e sobretudo nos amar a ponto de apagar todos os nossos erros e nos dar ótimos recomeços.

Os quatro princípios bíblicos para influenciar as pessoas e ser luz

Quando influenciamos alguém positiva ou negativamente, estamos na realidade influenciando suas decisões e, logo, suas ações. Conosco acontece o mesmo processo quando somos influenciados.

Não há um composto de livros mais bem estruturado e eficaz para nos mostrar como o poder da influência pode mudar o propósito de uma vida. Essa obra é a *Bíblia*. Mudar direções, caminhos, objetivos, consertar o que estava quebrado, organizar o que estava bagunçado, levantar o que estava caído, centralizar o que estava descentralizado e, principalmente, amar quem não estava sendo amado.

Estes princípios a seguir, quando aplicados, nos levam a viver o extraordinário. Transformam nossas vidas e fazem iluminar outras, pois a aplicação deles depende muito menos de você e muito mais da influência que você deixa Deus exercer em seu coração.

☑ **Princípio 1: Amor**

"Porque Deus tanto amou o mundo que deu o seu Filho Unigênito, para que todo o que nele crer não pereça, mas tenha a vida eterna" (João 3:16).

O alvo do amor de Deus não foram empresas, reinados e instituições. O grande alvo de seu amor foram as pessoas. Ele mira em nossas cabeças todos os dias para nos atingir em amor e graça e Ele nunca erra. Não somos vítimas de balas perdidas.

Aplicação: seu nível de influência será cada vez maior à medida que você amar mais as pessoas. Amar mais as pessoas significa que devemos nos doar mais, servir mais, nos entregar mais, dar mais.

Coaching no DNA

☑ Princípio 2: Humildade

"Nada façam por ambição egoísta ou por vaidade, mas humildemente considerem os outros superiores a si mesmos" (Filipenses 2:3).

Jamais conseguiremos separar humildade de influência, elas sempre andarão unidas. A humildade sempre está acessível a todos nós e os muros que nos impedem de alcançá-la são construídos por nós mesmos. Muros de vaidade e egocentrismo.

Aplicação: comece já a olhar para seu próximo por um outro prisma. Como nosso texto bíblico diz, precisamos considerar nossos amigos, parentes, chefes, clientes e funcionários como superiores a nós. Não é uma questão de hierarquia, mas de importância e isso significa que qualquer pessoa que estiver ao alcance dos seus olhos é mais importante do que você.

☑ Princípio 3: Sabedoria

"Não seja sábio aos seus próprios olhos; tema ao Senhor e evite o mal" (Provérbios 3:7).

O fruto de acharmos que entendemos de tudo e que estamos sempre prontos para qualquer situação é a arrogância. Isso afasta as pessoas de nós e, com o passar do tempo, vamos nos sentindo cada vez mais sozinhos.

Aplicação: conseguimos demonstrar sabedoria e construir uma vida íntegra justamente quando entendemos que somos pequenos e não sabemos de muita coisa, aliás quase nada. O grande resultado de agir assim é que aproximamos as pessoas de nós, consequentemente nos despojamos de toda altivez e abraçamos o carisma.

☑ Princípio 4: Misericórdia

"Bem-aventurados os misericordiosos, pois obterão misericórdia" (Mateus 5:7).

Conseguimos agir de maneira influente quando somos balizados pela misericórdia. Quando, ao sentirmos as pessoas em nosso ambiente, temos compaixão por elas é que desdobramos nossas melhores atitudes. Deixamos de lado os julgamentos e nutrimos o senso de misericórdia em nossos relacionamentos, tendo a percepção de que as pessoas estão longe da perfeição e precisam de melhorias.

Guilherme Ferrari

Aplicação: estaremos cada vez mais habilitados a iluminar as pessoas com o poder da compaixão. Não faltarão oportunidades para que percebamos que as pessoas precisam de ajuda, mas elas mesmas não sabem desse fato e mesmo assim devemos influenciar e abençoar. Isso é misericórdia em ação, aplique já.

Apenas princípios. Princípios poderosos que, se aplicados, transformarão sua vida para sempre. Enquanto nos acovardarmos em nossa zona de conforto, ainda haverá muita escuridão espalhada em nossas casas, empregos, clubes e igrejas. Mudar esse jogo só depende de nós.

A melhor parte da vida não é quando alcançamos nossos sonhos, mas quando ajudamos outras pessoas a alcançarem os seus.

Coaching no DNA

Capítulo 11

Coaching parental – dialogando com o coração: do medo ao amor

Mãe & Pai diamante, como vivenciar melhor o amor em família e vencer o medo que prejudica as relações interpessoais? Para responder a essa pergunta, vamos entender mais sobre esse vínculo familiar – o amor – e a importância do autoconhecimento no desenvolvimento psicoemocional e socioafetivo do indivíduo.

Janay Cozendey

Coaching no DNA

Janay Cozendey

Coach parental e professora alfabetizadora do Ensino Público do RJ há 29 anos. Possui formação acadêmica em Língua Portuguesa e Literatura, pela Universidade Castelo Branco. Pós-graduada em Psicanálise Clínica com especialização Infantojuvenil e Teologia em Psicologia Pastoral. *Coach* pela Abracoaching, *parent coaching* pelo Laboratório de Talentos, e *coach* palestrante e da gratidão financeira pela Abracoaches.

Contatos
http://coachjcozendey.wixsite.com/
coachjcozendey@gmail.com
(21) 98373-5058

Janay Cozendey

1. O apego & o amor, tipo de relacionamento humano

A palavra amor vem do latim, que quer dizer "amizade, dedicação, afeição, desejo grande, paixão, objeto amado". Em todas as culturas, o coração é a sede do amor, das emoções, da paixão. Sua estreita relação com o cérebro, com a racionalidade, termina sendo um casamento sensato. A associação do coração que sente (emoção) com o cérebro que pensa (razão) é salutar para todos nós.

É importante entendermos bem o papel da razão na vida psíquica para que possamos desfazer a ideia de um antagonismo irreversível entre razão e emoção, em particular no amor. A principal função da razão é a de tentar conciliar o maior número possível de variáveis, tanto de possibilidades práticas como de desejos. Ela tentará harmonizar também os códigos de valor, que nos chegam como crenças, por intermédio do meio externo, da cultura. E o coração, assim como leva nutrientes para cada célula do corpo, também leva emoções negativas ou positivas que podem nos adoecer ou nos curar. Encontrar esse equilíbrio é a chave para que as relações familiares sejam mais amorosas e saudáveis.

Quando fazemos a cisão entre razão e coração, para Jean-Pierre Barral (2005), surge a pessoa coração, que é marcada pelas emoções positivas e/ou negativas, que fazem apelo constante ao coração. Essa pessoa se torna dependente, sensível ao amor e à afeição, e muitas vezes presa fácil do amor distorcido, que é o apego.

A pessoa coração tem uma vida marcada pelo medo incontrolável do abandono e um sentimento de inveja que a desestabiliza. Sua atitude fusional, controladora, termina por afastá-la de seu objeto de amor, ela sente-se traída, abandonada. A total confiança cede lugar à desconfiança, à insegurança, o que a torna passiva e presa fácil para as manipulações. As mágoas e os remorsos também repercutem negativamente, já que a pessoa coração sofre de certo narcisismo. Esse tipo de pessoa precisa constantemente de elogios, de recompensas, reconhecimento por seu esforço e sua generosidade.

O prazer de qualquer apego externo, seja ao dinheiro, ao poder, ao trabalho, seja à outra pessoa, pode tornar-se dor a qualquer momento. Porém o amor, no sentido espiritual, requer desapegar-se de

Coaching no DNA

tudo o que é conhecido. A maneira como o ego resolve o problema do medo é por meio do controle das coisas e do outro. E sempre que algum de nós cai num comportamento controlador, um destes cenários está funcionando no inconsciente: o medo da rejeição, do fracasso, de estar errado, de estar impotente ou mesmo de ser destruído.

Lembramos que todo mundo enfrenta medos semelhantes, mas só as pessoas que não podem admitir as ameaças ocultas em seu interior é que tentam lidar com eles utilizando o controle. E o problema que não é encarado nessa situação é que o controle nunca resolve realmente a insegurança que está por trás dele. Pelo contrário, o controle só aumenta o medo de negar que o medo existe.

Para acabar com esse comportamento controlador numa relação, é necessário percebermos que o controle é incompatível com o amor. O controle não é uma solução para o problema do medo. Quando o sentimento relacional amadurece para o amor, o sentimento de segurança é instalado e o medo é expulso. Portanto, o amor é um sentimento que se aprende na relação social.

2. Os estilos básicos de vida

Um dos maiores complicadores do ser humano é confundir saciedade com felicidade. A felicidade é o bem-estar pleno do ser! Para atingirmos o objetivo maior da felicidade precisamos da disciplina. Ela é um dos pilares do crescimento civilizacional do homem, sendo um valor social de suma importância. Não são somente as funções fisiológicas que exigem ser saciadas, como comer e beber. O cérebro humano pode desenvolver outras necessidades tão sérias como as fisiológicas, tais como a dependência química ou a codependência. Segundo o neurocientista David Linden, professor americano de neurociência da Universidade Johns Hopkins, o prazer de uma boa ação ou o prazer de um vício trilham as mesmas vias em nosso cérebro.

Porém, amar implica romper barreiras que nos separam de outras pessoas, respeitando as individualidades e praticando a empatia. O amor proporciona o sentimento de pertencimento, que são suas raízes, e um sentimento de liberdade, que são suas asas. O amor não procura controlar ou manipular os outros. Ele não tenta encontrar a satisfação por meio do destino dos outros.

Infelizmente, alguns pais tentam satisfazer os próprios desejos frustrados instigando os filhos a fazer coisas, mesmo que esses não queiram. Outros pais, por medo, tentam manter os filhos debaixo de suas asas a todo custo e acabam por perdê-los. O verdadeiro amor não age assim. Ele não tenta ganhar satisfação pessoal à custa dos outros.

Então, como mudar essa atitude que outrora era protetora, mas agora acorrenta?

Janay Cozendey

Nossos pensamentos afetam nossa atitude. Se você e eu permitirmos que nossos pensamentos sobre outra pessoa sejam negativos, nossa atitude em relação a ela também será negativa. É assim que o medo e a insegurança vão se instalando até tomar o controle. Se realmente quisermos amar as pessoas, devemos tomar a decisão de ter bons pensamentos sobre elas. E para evitarmos pensar negativamente, devemos renovar nossos pensamentos e nossas atitudes todos os dias.

O psiquiatra Augusto Cury, em sua obra *O mestre do amor*, nos faz lembrar que Jesus ensinou aos homens a principal arte da inteligência e a mais difícil de ser aprendida: a arte de amar. Para aprendê-la, é necessário cultivar a contemplação do belo, a tolerância, a compaixão, a capacidade de perdoar e a paciência.

Segundo Içami Tiba (2009), existem três estilos básicos de vida:

- **Vegetal:** mesmo sendo suficientemente capaz de fazer algo sozinha, a pessoa espera, pede e/ou exige que outro faça por ela. Todo ser humano, no início da vida, tem necessidade de vivenciar esse estilo. Há também momentos de debilidade física ou de enfermidade em que, por um período temporário, esse estilo é necessário.

- **Animal:** não seleciona dentro de si qual o comportamento mais adequado e ético. Sem refletir, a pessoa faz o que sente vontade e pronto. O ser humano vivencia esse estilo naturalmente a partir da segunda fase da infância até a adolescência. Observa-se que o objetivo de uma educação familiar é fazer com que o filho atinja autonomia comportamental, independência financeira e responsabilidade social por meio da disciplina. E manter-se nesse estilo de vida após a adolescência é permanecer na zona do conforto por medo e/ou culpa por não atender seu chamado para a vida.

- **Cidadão:** estilo da alta *performance*. Ele só é atingido pela pessoa que usa as competências máximas para atingir seus objetivos, gastando menos tempo e menos recursos gradativamente. Quanto mais conhecimento possuir, mais competente será.

A maneira como uma pessoa vive essas etapas nem sempre segue essa ordem e transição. O insucesso de uma etapa não significa que a próxima será também um fracasso. O poder de aprender, absorver mudanças e criar soluções é imenso no ser humano que tem o estilo de vida cidadão. É o autoconhecimento que faz com que a pessoa aprenda a lidar com suas necessidades, sem ser surpreendida por emergências.

Coaching no DNA

3. A vida não vem com um manual de instrução

Há algumas pessoas que jamais esquecem as mágoas causadas por seus pais, irmãos, professores, amigos de infância, vizinhos e colegas de trabalho, e carregam cicatrizes profundas na memória. Sabemos que perdoar não é fácil, porém o segredo para perdoar é compreender. Não se esforce para perdoar quem o magoou, empregue sua energia em compreendê-lo. Se compreendermos as fragilidades, inseguranças, infelicidades, reações inconscientes do outro, naturalmente o perdoaremos.

Porém, para perdoar os outros, também é necessário compreender nossas próprias limitações e ter consciência de que estamos sujeitos a muitos erros. Quando nos damos conta da nossa própria fragilidade, quando nos debruçamos sobre a história e os problemas que nos cercam, fica muito mais fácil perdoar e reformular a imagem inconsciente daqueles que nos feriram.

Você tem aprendido a linguagem da emoção? Você sabe expressar seus sentimentos ou vive reprimindo-os dentro de si? Nunca se esqueça de que a maneira como os outros nos veem e reagem a nós se deve não tanto ao que somos, mas à nossa capacidade de exteriorizar amabilidade, sabedoria e preocupação com os outros.

Os atos-chave para desapegar-se do controle são todas as formas de permissão: aceitação, tolerância, não resistência. A necessidade de controlar a vida, seja a sua ou de outra pessoa, baseia-se no desespero espiritual do medo. Na mente de uma pessoa carente, qualquer perda de apego é igual à perda de amor. É o anseio de possuir e de se apegar que sufoca o amor. O apego é a condição em que suas necessidades obscurecem seu espírito. Então, como você pode amar sem essa necessidade do apego?

Enfrente o medo e a mágoa; pratique o desapego de suas antigas crenças; aprenda a perdoar a si mesmo; encontre momentos para ser gentil com seu eu interior; aceite o que é bom sobre você mesmo e não apenas o que é mau; siga todo entusiasmo aonde quer que ele o leve, já que a fonte do entusiasmo é sempre a paixão. O seu eu verdadeiro, a sua criança interna, é o mais terno dos infinitos, cujo único desejo é protegê-lo e levá-lo em seus braços, do medo ao amor. Assim funciona o amor incondicional divino, tirando você do medo, das limitações que você se impôs, da ânsia temporária de sua mente física, e levando-o ao território inexplorado de seu coração.

Quando há uma batalha sendo travada dentro de sua mente, alguma parte de você é obrigada a se render, forçada a contar a verdade, a abandonar o controle que tem sobre a mente. Na busca ou na presença do amor incondicional, você precisa se entregar, precisa dizer a verdade, precisa se soltar do ego. Você tem medo de ser amado incondicionalmente?

Janay Cozendey

Onde existe amor não existe medo. Por um momento apenas, permita-se sentir a presença do amor incondicional divino. Nessa presença, encontre a coragem para admitir para si mesmo: o que você realmente quer da vida e o que tem medo de ter? Nossos medos têm origem na relação com nossos pais, em padrões de comportamento herdados, na tendência desesperada de querer sempre agradar as pessoas, em nossas atitudes derrotistas. O único desafio que precisamos enfrentar e vencer para reconhecer e receber o amor divino são as necessidades de nosso ego. O ego é nosso lado escuro e sombrio, que quer que acreditemos que não somos capazes de ser amados por ninguém, sobretudo por Deus. O ego nos faz sentir vergonha, culpa e confusão; afasta-nos da verdade e usa todos os recursos da hipocrisia para manter o medo em nossos corações.

O amor incondicional a si mesmo e aos outros é a única forma de desmantelar o ego. O amor exige que aceitemos a verdade sobre nós mesmos e sobre Deus. Ele exige que reverenciemos o Divino, cuidando com amor de nós mesmos. O amor incondicional é a compreensão de que não importa nossa ação e nosso comportamento, Deus nos ama e espera que possamos incorporar e demonstrar esse amor em qualquer circunstância.

. Concluindo, sua família é mais do que o resultado genético, são seus ideais, os sonhos, as lutas e árduas tarefas, os sofrimentos e as aquisições. Por isso, mantenha em casa um clima de diálogo, de respeito pela livre expressão das ideias, de tolerância e convivência pacífica. Construa memoriais com os filhos, que são momentos especiais de atenção e cuidados registrados no tempo e espaço de nossas lembranças.

Para finalizar, consideremos cinco passos para a educação integral no relacionamento com o filho:

1. Pare o que estiver fazendo e limpe a cabeça de pensamentos preconcebidos, como se fosse atender o filho pela primeira vez;

2. Ouça até o fim a fala do filho, isso estimula o raciocínio humano;

3. Olhe. O olhar é instintivo e capta tudo instantaneamente, isso estimula o instintivo – animal;

4. Pense na melhor resposta para atender às necessidades, como o alimentar, a independência e a autoestima;

5. Aja conforme a linha educativa que pretende adotar, baseada no verdadeiro amor.

Coaching no DNA

Referências

BARRETO, Adalberto de Paula. *Quando a boca cala, os órgãos falam...* Fortaleza: Gráfica LCR, 2014.

CHOPRA, Deepak. *O caminho para o amor*. Rio de Janeiro: Rocco, 1999.

CURY, Augusto. *O mestre do amor*. Rio de Janeiro: Editora Sextante, 2006.

_____. *Armadilhas da mente*. São Paulo: Arqueiro, 2013.

GIKOVATE, Flávio. *Nós, os humanos*. São Paulo: MG Editores, 2009.

LIPP, Marilda e outros. *Sentimentos que causam stress*. São Paulo: Papirus, 2009.

RAMAL, Andrea Cecília. *Depende de você: Como fazer de seu filho uma história de sucesso*. Rio de Janeiro: LTC, 2012.

TIBA, Içami. *Família de alta performance: conceitos contemporâneos da educação*. São Paulo: Integrare Editora, 2009.

VANZANT, Iyanla. *Um dia minha alma se abriu por inteiro*. Rio de Janeiro: Sextante, 2000.

Coaching no DNA

Capítulo 12

Como ter um negócio lucrativo sem precisar trabalhar mais de 14 horas por dia

Faça sua empresa crescer sem estar mais de 14 horas por dia dentro dela e sem ter que se estressar com a equipe o tempo todo. Aprenda a fazer sua empresa crescer de forma organizada, com uma equipe comprometida, que bate metas e gera resultados.

"Nunca diga às pessoas como fazer as coisas. Diga-lhes o que deve ser feito e elas surpreenderão você com sua engenhosidade."
George Patton

Karina Ikeda

Coaching no DNA

Karina Ikeda

Sou empresária. Trabalhei por mais de 20 anos em grandes empresas multinacionais e nacionais do ramo financeiro. Fui gestora de equipes de vários tamanhos e perfis, de cinco até cem funcionários. Sou formada em Estatística e tenho pós em Finanças e Atuária. Passei por praticamente todas as áreas de uma empresa. Liderei desde setores muito técnicos com colaboradores mais exigentes e com formações bem específicas até outros operacionais em que as pessoas não acreditavam que o trabalho delas "servia" para alguma coisa. Para muitas, o trabalho era apertar um botão... e repetir a mesma coisa todos os dias, e com certeza é muito mais do que isso! Hoje sou especialista em atender donos de pequenas e médias empresas. Tenho formação de *Business Coach* pelo EAG e faço parte da equipe de *Coaches* do EAG. Formação em *Life* e *Executive Coach* pela Sociedade Brasileira de Coaching. Sou associada à International Coaching Federation (ICF).

Contatos
www.karinaikeda.com.br
karina@karinaikeda.com.br
Facebook: Karina Ikeda *Coach*
Instagram: @ikedakarina
LinkedIn: Karina Ikeda
(11) 94769-4815

Karina Ikeda

Qual é sua maior queixa ou reclamação hoje?
Por acaso você vive dizendo que não tem tempo para nada e muito menos para fazer o que gosta? Que anda consumido pela empresa e que a sensação é de fracasso em alguns dias? Tem reclamado que sua equipe não entrega as coisas como você gostaria?

Anda dizendo que parece que quanto mais trabalha, menos dinheiro vê?

Se você acha que só você faz bem feito e só você sabe como fazer e se você faz microgerenciamento e resolve tudo sozinho, sua empresa está fadada ao fracasso.

Vou contar uma coisa muito importante e eu preciso que preste atenção: os grandes empresários entendem que delegar funções é a porta para o crescimento. Entendem que precisam de pessoas para trabalhar. Precisam de gente. Precisam de líderes.

Não existe um grande empresário que seja capaz de fazer uma empresa faturar milhões sozinho.

Se você é um empresário que está cuidando do operacional no dia a dia, resolvendo problemas em cima de problemas, trabalhando 14, 15 horas para fazer sua empresa funcionar, quem está fazendo sua empresa crescer?

Quantas oportunidades já escaparam por seus dedos porque você não teve tempo de agarrar? E isso por conta de algum incêndio que precisou ser apagado?

Se você anda reclamando que não tem tempo, tenho uma notícia: você está caindo em uma armadilha.

Todos nós, desde os mais ricos como Bill Gates, Alice Walton, Jeff Bezos, até os mais pobres, temos as mesmas 24 horas no dia.

A escolha do que fazemos nas nossas 24 horas é só nossa, e muitas vezes não ter tempo é não saber dar prioridade. Você já parou para pensar nisso? Como está priorizando suas atividades?

Eu quero fazer um desafio! O que acha de começar a entender como você anda "gastando" seu tempo?

A primeira parte do desafio é ter clareza sobre o que você realmente faz ao longo do seu dia!

Coaching no DNA

Durante uma semana você anotará de meia em meia hora quais as ações do seu dia, o que você está fazendo. Isso servirá para entender, por exemplo, quanto tempo você passa nas redes sociais. E não adianta dar a desculpa de que o WhatsApp é o seu trabalho. Você descobrirá, por exemplo, quanto tempo do seu dia é dedicado a fazer tarefas de outras pessoas.

Feita a primeira tarefa, durante uma semana, agora você classificará cada ação que você fez na semana em urgente/não urgente e importante/não importante.

Você colocará as coisas em uma matriz, conforme o desenho a seguir.

	Urgente	Não urgente
Importante		
Não importante		

Nessa matriz podemos constatar algumas coisas.

Se a atividade é não urgente e não importante, ela faz perder tempo e precisa ser descartada. Essas atividades estão o distraindo e não o levarão a seu grande objetivo.

Se a atividade é urgente e importante, trata-se de crises e incêndios que precisam ser resolvidos rapidamente. Esse quadrante pode ser evitado com um planejamento de sua agenda.

Se a atividade é urgente e não importante, trata-se de interrupções, e provavelmente tem alguém em sua equipe capaz de realizar essa tarefa ou alguém a quem você pode delegá-la.

E o quadrante mais importante que na maioria das vezes é

Karina Ikeda

deixado de lado é o das atividades que são classificadas como não urgente e importante. Esse é o quadrante em que, se você focar, com certeza terá mais tempo em seu dia para pensar em estratégias e planejamento do que faz seu negócio crescer.

Você pode desenvolver novas habilidades para lidar com todos esses quadrantes e com isso dedicar seu tempo ao que é realmente importante para chegar aonde quer.

Você sabia que a empresa é um reflexo do dono?

Se seu pensamento é desorganizado, sua empresa será desorganizada.

Se você não tem prioridades em sua vida, será muito mais difícil tê-las dentro de sua empresa.

Se não sabe delegar tarefas do seu cotidiano, provavelmente não sabe delegar as tarefas dentro da empresa.

Quero focar um pouco mais no quadrante do que é urgente e não importante. As tarefas que estão nesse quadrante são as que podem ser delegadas. Você sabe o que é delegar? Hoje em dia você delega ou "delarga"?

Vamos pensar, inicialmente, na pessoa que o ajuda em sua casa. Ela faz as tarefas da sua casa e algumas vezes você se irrita porque ela não fez do jeito que você gostaria.

Muitas vezes partimos do princípio de que uma pessoa que foi contratada para fazer o trabalho de casa tem a obrigação de saber lavar a louça, lavar e passar a roupa, arrumar a cama, limpar o banheiro, certo? Errado! A pessoa sabe fazer, sim, do jeito dela e nem sempre esse jeito é o jeito que trará o resultado que você quer! Já parou para pensar nisso?

Em sua empresa é a mesma coisa. Da mesma forma, isso acontece quando você contrata um novo colaborador que vai cuidar de seu financeiro. Você pensa: óbvio que ele sabe fazer tudo do financeiro! Contas a pagar, contas a receber, fluxo de caixa. Só que nem sempre é assim. Demita o óbvio de sua vida e comece a aprender que delegar é a melhor forma de ter o resultado final alinhado a sua expectativa.

Delegar é uma das tarefas que, além de gratificantes, nos libera para pensar ou fazer coisas que realmente são importantes para o que queremos.

Há muitos benefícios em delegar com eficiência:

☑ Maximizar seus resultados – imagine que várias ações estão sendo feitas ao mesmo tempo por pessoas diferentes e não somente por uma. Com uma delegação eficiente, você possuirá a capacidade de ter atividades e muitas coisas feitas em sua empresa. Além disso, você poderá se beneficiar com as novas ideias

Coaching no DNA

e abordagens para os problemas usando a capacidade mental de outras pessoas.

☑ Dar tempo livre para fazer coisas mais importantes – muitas tarefas que você faz podem ser feitas por seus colaboradores. As tarefas rotineiras, por exemplo, podem ser delegadas e, assim, você terá mais tempo para focar em atividades que geram valor para seu negócio, como, por exemplo, liderar e treinar novos líderes.

☑ Desenvolver seu colaborador – você já deixou de delegar alguma tarefa porque considerou que seus colaboradores não eram capazes de executá-la? Isso é mais comum do que imagina. O que acontece quando você não delega é que seus colaboradores não se desenvolvem. Eles não aprendem novas habilidades, conhecimentos e competências e você continua a sentir que eles não têm capacidade. Quando você delega uma tarefa para um colaborador, está dizendo para ele que ele tem o necessário para realizar o trabalho e isso melhorará o nível de confiança entre vocês. Delegar é uma ferramenta importante de desenvolvimento de pessoas, mas exige paciência e disciplina, que são habilidades que talvez você precise desenvolver.

☑ Ajudar a capacitar novos funcionários – o processo de decisão fica no nível adequado. Dar autonomia às pessoas engaja e motiva, gerando um sentimento de "dono".

A maioria dos empresários sabe que delegar é importante para seu sucesso. Então, por que eles não delegam mais? Pense na lista a seguir sobre suas práticas de delegar!

☑ Demora muito tempo para explicar a tarefa.

☑ Eu consigo fazer a tarefa mais rápido.

☑ Eu consigo fazer a tarefa melhor.

☑ Meu pessoal já está sobrecarregado.

☑ Eu mesmo não sei como fazer a tarefa.

☑ Se eu delegar a tarefa para outra pessoa, não receberei o crédito.

☑ Eu não acho que meus empregados conseguem fazer um bom trabalho.

☑ Eu preciso que seja feito direito.

Karina Ikeda

☑ Eu não tenho ninguém com a especialidade adequada.

☑ Eu não confio em mais ninguém para fazer o trabalho.

☑ Eu gosto de fazer o trabalho.

☑ Fica melhor quando eu faço.

☑ Eu não posso delegar toda tarefa.

☑ Eu teria que conferir duas vezes do mesmo jeito.

Com todas essas razões que temos para não delegar, não é de se assustar que temos receio em delegar.

Agora veja alguns erros muito comuns quando delegamos e como você pode evitá-los:

☑ Ter uma atitude com seus liderados do tipo "eu mesmo posso fazer melhor".

☑ Incapacidade de manter os liderados informados sobre os planos da empresa.

☑ Falha em cobrar ou utilizar relatórios de progresso.

☑ Má vontade em deixar seus liderados darem suas próprias ideias.

☑ Delargação.

☑ Falha ao dar crédito ao liderado por ter assumido a responsabilidade.

☑ Desatenção na conclusão do projeto.

☑ Falta de respeito pelas ambições do liderado.

Planejando sua delegação
Você costuma planejar o que vai delegar?

1. Liste as tarefas que você poderia delegar (as do quadrante: urgente e não importante).

2. Para quem você vai delegar? Considere o desenvolvimento do liderado e o conhecimento.

3. Quantos minutos você vai economizar no seu dia se delegar essa tarefa?

Desafio você a utilizar a ferramenta a seguir com seus liderados e me contar por *e-mail* ou *WhatsApp* quanto tempo de sua semana conseguiu investir em coisas realmente importantes para você!

Coaching no DNA

Esta ferramenta de delegação é usada na Empresa Autogerenciável (EAG) e vai ajudá-lo a se preparar para delegar de forma mais eficaz.

Nome:	Data:
Qual é a tarefa a ser delegada?	
Por que isso é importante?	
Qual o resultado esperado?	
Quais os critérios de sucesso?	
Quais os recursos disponíveis?	
Ações específicas	
1	4
2	5
3	6
Quais obstáculos podem acontecer?	**O que fará para superar cada obstáculo?**
1	1
2	2
3	3
Melhor resultado para você, para o cliente, para a empresa, para o líder.	**Pior resultado para você, para o cliente, para a empresa, para o líder.**
Checkpoints	
1. / /	
2. / /	
3. / /	

Referências

CARVALHO, Welly. *Seja a sua melhor versão*. Brasília: Editora Saphi, 2017.

CORDEIRO, João. *Accountability*. São Paulo: Editora Évora, 2013.

COVEY, Stephen R. *Os 7 hábitos das pessoas altamente eficazes*. Rio de Janeiro: Editora Franklin Covey, 2017.

GERBER, Michael E. *O mito do empreendedor*. Curitiba: Editora Fundamento Educacional Ltda., 2011. (Reimpresso em 2015).

Coaching no DNA

Capítulo 13

Muito além da escuta ativa: ferramentas de expansão da consciência para o *autocoaching*

A falta de ação está diretamente ligada à falta de clareza de onde estamos e aonde desejamos chegar. Mas como obter clareza? E se ficar pensando não for o suficiente? Eu convido você a mergulhar neste capítulo! Aqui você encontrará as ferramentas para desenvolver habilidades de comunicação que o colocarão em ação, de uma vez por todas, sob a ótica da Expansão da Consciência. Vamos lá?

Lilian Mendanha

Coaching no DNA

Lilian Mendanha

Advanced coach practitioner e PNL; facilitadora de Barras de Access®, Access Facelift Energetic® e Processos Corporais de Access Consciousnes®; *practitioner* de ThetaHealing Avançado e Reiki; Expansão da Consciência e reprogramadora mental; Desbloqueio Energético Emocional e Aumento de Frequência Vibracional; terapeuta e facilitadora de Apometria; contadora e MBA em Gestão Tributária, tendo atuado em áreas financeiras, contábeis e correlatas como auditora e consultora. Criadora do Espaço Viver em Fluxo – Copacabana/RJ – Treinamentos e Terapias de *Coaching* de Expansão da Consciência. Como sempre atuou com terapias quânticas em trabalhos voluntários e tinha grande paixão pelo assunto, fundou o portal *on-line* Viver em Fluxo. Especializou-se nesse tema e hoje atua como terapeuta, *trainer*, palestrante e consultora em Expansão da Consciência e Desenvolvimento Pessoal, levando pessoas a serem mestres de si mesmas.

Contatos
lilianmendanha.com.br
contato@lilianmendanha.com.br
(21) 99863-4212

Lilian Mendanha

Desde o início da minha carreira de *coach* que percebo que faço um *coaching*, digamos, diferente. Tentei seguir alguns métodos, mas o que acabou funcionando para mim foi seguir a linha do que cada cliente me mostrava. Fui empregando algo mais intuitivo do que sistemático de fato e que leva em conta as habilidades naturais de cada pessoa. O mais interessante é que meu trabalho tem dado bastante resultado em pessoas com características (perfis) bastante variadas.

Quando fui convidada para participar como coautora do livro *Coaching no DNA*, não hesitei em aceitar, pois nada poderia definir melhor o que vinha fazendo com meu trabalho. Cocriar e contribuir com esses profissionais maravilhosos aqui foi de total honra, uma vez que meu trabalho acabou alcançando em muito o público de *coaches* e pessoas interessadas em treinar/gerir pessoas.

Portanto, se você se encaixa, continue aqui comigo.

Como se tornar mestre de si mesmo – além do jargão

Algo que percebi como um diferencial no resultado foi que as pessoas assumiam mais suas vidas e suas decisões, aplicando inclusive em outros projetos após terminarmos nossos processos de *coaching*, ou seja, elas não se tornavam dependentes de um *coach* para guiá-las a todo instante, o que chamo de tornar-se mestre de si mesmo.

As pessoas se conscientizavam da potência que havia nelas mesmas e criavam maneiras de se automotivar para continuar suas jornadas. Eu até criei um jargão que utilizo sempre: "O cocriador nunca para".

Para praticar, desenvolvo em meus clientes o hábito de fazer perguntas para desafiar nossos sistemas de crenças e assim abrir o campo das possibilidades até que tenha clareza, não apenas enquanto estivermos em sessão, mas em todos os momentos. Essa é uma prática que fez parte de minha jornada de autoconhecimento. Desde a época em que escrevia em diários que me faço perguntas e as deixo no ar para que as soluções apareçam além dos meus pensamentos.

Como obter resultados em todas as áreas da vida

Esse ponto foi decisivo para que eu continuasse aplicando técnicas como continuo fazendo até hoje, adequando e agregando cada

Coaching no DNA

vez mais ferramentas, expandindo assim as áreas de atuação, como negócios, dinheiro, realização profissional, beleza e relacionamento.

Acredito no *coaching* como algo praticável de forma fácil, leve e adaptável a todos os tipos de pessoas, até mesmo àquelas que se julgavam incapazes de seguir até o final de um processo de *coaching*.

Inicialmente o *coaching* traz clareza para os pontos onde estamos e aonde desejamos chegar, para então seguir uma rota focada e planejada com metas para alcance do objetivo final.

Todos nós temos habilidades especiais e peculiares, portanto, essa jornada difere de pessoa para pessoa, sendo facilmente afetada pelo meio em que ela se encontra inserida; esses cenários sofrem mutações diariamente, que alteram nosso humor, motivação e nível de energia.

Sendo assim, o ideal é trabalharmos cada dia com uma certa flexibilidade, seguindo assim o fluxo energético de tudo o que acontece aqui, na vida real, ainda longe dos nossos mapas de sonhos.

Foco e disciplina como fatores ajustáveis e não cruciais

Costuma-se valorizar em excesso as habilidades de foco e de disciplina, a meu ver gerando um imenso julgamento nas pessoas com menores aptidões, e isso as afasta dos processos de *coaching*. Mais ainda, coloca-as como incapazes de se tornarem *coaches* ou gestoras de sucesso.

Afirmo isso com base nos profissionais com quem trabalhei e se encontravam estagnados na carreira, mas obtiveram êxito posteriormente ao nosso processo.

O que percebi é que, por mais que trabalhemos para o *coach* não julgar, a cobrança que fazemos por resultados e hábitos implantados acaba tendo efeito de julgamento e, portanto, de limitação e de dor.

Ferramentas de alta *performance* e expansão da consciência

Para solucionar essa questão e desenvolver as pessoas, agreguei técnicas que desenvolvem alta *performance* a partir do estado cerebral correspondente, que é o estado gama, e naturalmente o processo então começou a fluir de uma forma bastante interessante e expansiva.

O cerne da questão está em trabalhar com as perguntas não apenas limitando-se ao nível cognitivo, mas avançando para o nível energético, trazendo o funcionamento das Leis Universais a nosso favor.

E talvez você esteja se perguntando sobre como isso funciona.

O que têm a ver as perguntas de *coaching* com expansão da consciência?

Uma vez que começamos a desenvolver as perguntas não apenas pelo cognitivo, racionalmente e ficando presos aos pensamentos,

Lilian Mendanha

começamos a desenvolver uma habilidade de nos comunicar energeticamente, ou seja, antes mesmo de esboçar uma palavra, já começamos a nos comunicar... integrando todo o nosso ser, toda a nossa essência, onde habitam as nossas histórias, sonhos, conhecimentos e informações.

Sendo assim, onde realmente conseguimos impactar a mudança no mundo, pois estamos atuando a partir de todas as nossas ligações sutis naturalmente, livres de julgamentos e pesos, mas desenvolvendo a clareza sobre o que estamos dispostos ou não a mudar, aceitar e seguir. A isso chamamos de expansão da consciência.

Mergulhando na comunicação energética

Lembra-se de que iniciei o artigo falando que venho fazendo um *coaching* meio diferente? O que eu percebi que era a minha bússola, e que fazia com que as pessoas avançassem em seus resultados, chamei de comunicação energética e comecei a facilitar classes a respeito.

O que é isso, afinal de contas?

As outras formas de comunicação só acontecem depois de nossa comunicação energética acontecer, portanto, essa é a forma de comunicação que nosso ser utiliza, e – pasmem – enviando informações em forma de sensações para nossos corpos; porém, costumamos ignorar essa última parte.

Quando desenvolvemos ações a partir da comunicação energética, avançamos na verdade daquela pessoa e produzimos mudanças verdadeiras, profundas e permanentes, que é o fluxo natural dela. Por exemplo: sabe quando uma pessoa ganha um presente e não gosta? Por mais que ela diga por educação que gostou para não ser deselegante, nós percebemos que ela não está "congruente" com o que está falando, não é verdade? Ou já percebeu quando uma pessoa fala em gratidão, mas você não "percebe" gratidão ali?

Isso vai além da escuta ativa. Isso diferencia totalmente o alcance do trabalho de um *coach*.

Quer mais com exemplos práticos?
Exercício 1:
Feche os olhos, respire profundamente.

Pense em algo que não tenha dado "certo" para você.

Vá ao início da situação e perceba em seu corpo se algum ponto demonstrava incômodo, sensação de desconforto ou incerteza.

Passeie pelas lembranças do fato e perceba se, no decorrer, você "sabia" que não estava indo bem. Você percebia que algo não fluía naquele processo.

Coaching no DNA

Agora, despolarize todas essas sensações desagradáveis do seu corpo, lembrando de agradecer pelas informações recebidas, mesmo que você não tenha dado ouvidos a elas no momento oportuno para mudar.

Respire profundamente e retorne.

Exercício 2:
Sabe aquela pessoa com quem você viveu uma história de amor? Vá ao momento em que você a conheceu.

Respire, traga as informações para as moléculas do seu corpo e perceba como já existia uma comunicação de que algo de bom aconteceria, antes de se tornar amor e de haver toque.

Isso é uma forma de comunicação energética!

Antes de você pensar, sentir, ver ou falar, as informações já estavam sendo passadas.

Então, já experimentamos, mas vamos praticar um pouco?

Como seria você olhar para todas as áreas da sua vida e diariamente se fazer perguntas para deixar que essa comunicação aconteça primeiramente consigo, depois com as situações, ambientes e pessoas?

Como seria você ir além da escuta ativa? Olhar para a pessoa que está à sua frente e perceber tudo o que ela comunica antes de ela falar uma só palavra?

Experimente e depois faça perguntas para que ela diga o que está ocorrendo para você analisar o quão assertivo você é (depois me conte por *e-mail*, está no início do artigo).

O caminho é fazer perguntas para primeiramente se comunicar de forma leve, sem julgamentos ou definições, apenas tendo contato com a verdadeira conexão e permitindo que esta seja sua bússola. A partir daí, adequar hábitos congruentes e respeitosos consigo.

Criamos as dificuldades em nossas vidas por não honrar que, antes de estarmos em um corpo material, estamos em um corpo energético, fluido e que, portanto, se comunica energeticamente.

Tudo o que existe é energia! Por ignorarmos nossas habilidades naturais de funcionar energeticamente, começamos a criar bloqueios, disfunções, invalidações, crenças, julgamentos, dores, sofrimentos, somatizações, discórdias, traumas, abusos, escassez...

E eu poderia escrever umas três páginas sobre isso, mas já acessamos elementos suficientes.

O *coaching* como um processo prazeroso e autoaplicável

Então, para podermos seguir mais leves e passear pelo *coaching* como um processo prazeroso, com o qual desejamos ter sempre contato, você topa começar a funcionar além das ferramentas?

Lilian Mendanha

E se eu disser que, dessa forma, sua assertividade ao escolher a ferramenta mais adequada se exponenciará?

Lembra-se da Roda da Vida?

A questão é: nós nascemos com a roda, rodando... todos os fluxos ativos. Quando crianças, somos espontâneos e funcionamos naturalmente nessas informações.

Começamos a crescer e entramos no piloto automático da maneira como fomos educados a ter que falar, nos comportar, seguir com uma série de dogmas, julgamentos e pontos de vista limitantes.

Quantas vezes nesta semana você se sentiu realmente conectado a si mesmo, permitindo que sua essência se comunicasse verdadeiramente?

Se nós desenvolvermos cada vez mais nossa comunicação energética, retiraremos os ruídos externos para viver em fluxo com tudo o que desejamos, pois criaremos a partir do que é verdadeiro e já habita em nós.

Trabalhamos muito a expansão da consciência, porém, se passarmos a funcionar por meio da comunicação energética, daremos os verdadeiros saltos quânticos, pois estaremos criando novos entrelaçamentos congruentes com nossos desejos, com nossa energia primordial; ou seja, a cada dia mais estaremos conscientes e funcionando como onda de informação que está lendo e agindo com as ondas de informações desejadas, criando como espelhos e, inclusive, colocando nossos neurônios-espelho para funcionar a nosso favor.

Prática

Comece se conscientizando das áreas de sua vida em que você vem se forçando a ter atitudes diferentes e por isso oscilando ou tendo resultados superficiais.

Traga clareza para como você gostaria de funcionar naquela situação.

Que informações estão por trás das dificuldades dessas mudanças de hábitos?

Avalie o que é possível ser realizado e faça perguntas que possam ir a seu campo energético para lhe trazer respostas durante o sono, sonho, *insights* e sincronicidades.

Campo e corpo, onda e ser.

Consegue se lembrar de histórias em cada área abaixo nas quais você já aplicou a comunicação energética? Relacione para você validar o seu poder!

Negócios: quando você fechou um negócio que sabia que ia dar certo e deu?

Dinheiro: quando investiu em algo que percebeu sem explicações mensuráveis de que teria retorno?

Relacionamentos: aquela pessoa que acabou de conhecer, mas algo dizia que seria bom?

Coaching no DNA

Família: uma solução que envolvia sua família e fez grande diferença na vida de todos?

Saúde: um tratamento ou um profissional que você seguiu e que simplesmente o curou?

Desenvolvimento pessoal: aquela formação que fez diferença em sua vida e você teve um ímpeto de fazê-la?

Fazer perguntas é o caminho para abrir infinitas possibilidades e soltar para a leveza da energia que tudo é.

O que você pode ser, fazer e ter para desenvolver a comunicação energética assertiva?

O que se requer para que você tenha harmonia em todas as áreas da vida?

Após soltar essas perguntas, esteja atento aos *insights*, sonhos, sincronicidade e, claro, me conte depois (escreva para contato@lilianmendanha.com.br.).

Passamos todos os dias por várias ondas de informação, com as quais não criamos coisa alguma. Há inúmeras informações nos chamando para criar – um convite do Universo. Porém o que estamos fazendo com esses conhecimentos que estamos ignorando se a informação nunca se perde?

Estamos criando antimatéria, na tentativa de parar o imparável!

Como está sua comunicação consigo próprio, com a onda de informação que você é agora, após passarmos por esses processos?

Agora, é escolher novas conexões para criar na direção dos seus desejos.

Aí moram as criações, no poder de sua intenção!

E isso é uma ciência, faz parte da física, mas vamos falar sobre isso em um outro artigo.

Um beijo em seu coração de luz!

Coaching no DNA

Capítulo 14

Verdades sobre empreender

Você sonha com liberdade de horário, financeira e autonomia? Acredita que o caminho é ter seu próprio negócio? O que ninguém tem coragem de contar é que para isso acontecer existe um "preço" a pagar. Antes de dar esse passo (ou se já deu), recomendo este capítulo, no qual encontrará as verdades sobre empreender. Todas as informações aqui contidas são baseadas em minha própria experiência e análise dos meus clientes de *coaching* de empreendedorismo.

Lucia Quintino

Coaching no DNA

Lucia Quintino

Empresária, palestrante, treinadora, terapeuta sistêmica de empreendedores, especialista em liderança. Fundadora da Segredos da Liderança, empresa de desenvolvimento humano em que fazemos qualquer profissional gerar os resultados esperados independentemente do momento do negócio ou da limitação das pessoas. Graduada em Comércio Exterior, MBA Logística e Operações. Especializações: autogerenciamento, desenvolvimento de gestores, negociação e vendas, ISO. Formação PNL, *coaching* sistêmico, estratégias financeiras, técnicas de apresentação e oratória, mentalidade milionária, dentre outras. Formação internacional em treinadora com Blair Singer. Certificação avançada internacional em análise comportamental pela SOAR Global Institute, Florida Christian University. Empretec 2018. Formação ThetaHealing®, radiestesia radiônica, terapeuta holística, constelação sistêmica e analista corporal. Membro da Comissão de Direito Sistêmico – OAB de São Carlos. Vice-presidente da BNI Connections São Carlos. Palestrante convidada do TEDx Adventures – USP São Carlos.

Contatos
https://www.segredosdalideranca.com.br/
contato@luciaquintino.com.br
(11) 96194-8954

Lucia Quintino

nspirado nas histórias de empresas que surgiram do nada e se tornaram "sucessos instantâneos", ou mesmo na de pessoas que se sentem plenas e realizadas por estarem trabalhando em suas próprias empresas, você acredita que empreender é uma coisa incrível e que talvez esteja perdendo tempo por não ter tentado ainda.

Ou, se já é empreendedor, simplesmente não consegue entender por qual motivo sua empresa ainda não decolou.

O que acontece é que existem verdades sobre o empreendedorismo que ninguém fala.

Existe um motivo para as pessoas não contarem isso: ninguém gosta de admitir que se enganou em algo ou mesmo ouvir sobre o lado ruim das coisas. Isso não vende, não dá ibope.

As pessoas preferem se iludir com sonhos intangíveis do que encarar a realidade. A realidade que está muito longe dos "empreendedores de palco" que apresentam somente o lado bom do empreendedorismo.

Como CEO da Segredos da Liderança, quero, neste capítulo, não ser a mensageira do lado negro da força ou desencorajar futuros empreendedores, mas desmistificar coisas que ouvimos por aí sobre empreendedorismo e mostrar-lhe as verdades sobre empreender.

Empreender não é para qualquer um

Apesar da propagação de "grandes nomes" de que basta acreditar em seu sonho, ter força de vontade, dentre outras, a realidade não é assim.

Pouquíssimas pessoas estão preparadas e dispostas a "pagar o preço" de viver as condições iniciais de um negócio.

Existem vitórias, sim, mas existem muitas derrotas e com muito mais frequência do que podemos imaginar ou queremos.

É preciso preparo intelectual, emocional e espiritual para lidar com todas as demandas que surgirão no caminho, principalmente consigo mesmo.

Sua vida pessoal será impactada

Lembra o sonho de tirar férias quando quisesse e passar mais tempo com a família? Pois é, não é bem assim.

No início de uma empresa é muito comum trabalhar por muitas horas, finais de semana e feriados.

Coaching no DNA

Alguns amigos acharão que está exagerando, louco ou obsessivo; você acabará se afastando de muita gente, principalmente se não houver apoio ou não acreditarem em seu sonho.

Em especial no começo do seu negócio, sua disponibilidade de horas com a família e amigos reduzirá, mas fique tranquilo pois, com uma boa estruturação, com o passar do tempo aprenderá a equilibrar sua rotina.

Você precisará de saúde financeira

Nem sempre é necessário muito dinheiro para começar, mas todo empreendimento requer um investimento por menor que seja.

E, para a maioria, os primeiros anos geram mais custos do que lucros e vai demorar algum tempo para ter o retorno financeiro esperado, talvez mais tempo do que imagina.

Então, para isso, tenha uma boa reserva financeira, pelo menos o equivalente a um ano sem receber salário, afinal, as contas continuarão chegando e você precisará, o tempo todo, vencer aquela "vozinha interna" e também a das pessoas em volta dizendo que é melhor desistir.

Também esteja preparado para a burocracia: abrir uma empresa envolve processos burocráticos, impostos, taxas, alvarás, adequações estruturais, sanitárias, permissões, registros de marcas e patentes, contratações etc.

Lembre-se de, desde o início, alinhar seu planejamento com as necessidades burocráticas exigidas pelo País, Estado e município.

Além do habitual, é necessário ter recursos para eventuais custos não planejados, como por exemplo um vazamento, troca da parte elétrica, contratação de funcionário, dentre outros.

Entenda que, para ter um empreendimento lucrativo, há todo um processo de construção e consistência do negócio.

Para o sucesso do negócio é preciso ficar atento ao planejamento como um todo e estar preparado para possíveis ajustes no meio do caminho.

Não basta ter uma boa ideia

Existe uma falsa ilusão de que basta ter uma ideia brilhante e "plim", tudo acontece: clientes surgem, dinheiro brota em sua conta, colaboradores produzem como nunca.

Fundos de investimento não acreditam apenas em boas ideias. Mesmo que seu produto seja muito bom, para conseguir investimento é preciso ter indícios de solidez e maturidade, e isso só é possível se você estiver preparado financeiramente.

Seu expediente não será de 8 horas

Para o sucesso do seu negócio não basta dedicação parcial.

Lucia Quintino

Algumas pessoas acreditam que, ao se tornar seu próprio chefe, conseguirão ter uma flexibilidade de horário que não é praticada no trabalho tradicional. Isso é verdade. O que ninguém conta é que você trabalhará muito mais do que imagina e muito mais do que os outros.

A lógica de um empreendedor é bem diferente de um CLT. Se você não concentrar 100% de sua dedicação, a chance de dar errado ou demorar mais tempo que o esperado aumenta consideravelmente.

Chegar sempre na mesma hora, fazer horário de almoço, sair ao final do expediente, ter finais de semana livres não fazem parte da rotina de um empreendedor no início.

A empresa é sua e com isso demanda-se mais tempo realizando as atividades, gerindo pessoas, resolvendo problemas, delegando funções.

Você fará coisas de que não gosta

Principalmente no início da "EUpresa", você conta com a participação da "EUquipe", ou seja, muitas vezes você desempenhará funções diversas ao mesmo tempo, desde limpar o banheiro, fazer o café, atender o cliente, até entregar o produto, dar manutenção etc.

Com certeza o ramo de atuação que escolheu é algo que realmente ama, mas é muito importante saber que precisará fazer atividades não tão animadoras assim se quiser fazer seu negócio prosperar.

Você precisará de pessoas

Mesmo que sua empresa seja uma "EUpresa", como disse antes, você precisará de gente competente ao seu lado, seja como sócios, parceiros, prestadores de serviços, seja como colaboradores.

Além disso, é primordial que você estabeleça uma boa rede de *networking* para desenvolver ideias, compartilhar experiências e fomentar negócios.

Cerque-se de pessoas que o estimulem, que acreditem em você, em seu sonho e que, mesmo que tudo dê errado, não estarão ali para julgá-lo e, sim, para apoiá-lo.

"Você é a média das 5 pessoas com quem mais convive" (Jim Rohn). Portanto, saiba selecionar quem estará próximo.

Estude, estude, estude... e muito!

Sem essa de "agora que sou empresário não preciso estudar mais". Aprendizado constante é fundamental para o empreendedor.

Para ter o próprio negócio não é necessário ter um extenso currículo, nem alta formação, visto que muitos dos empreendedores de sucesso não possuem formação superior, por exemplo.

Entretanto, é necessário se qualificar para o empreendedorismo e isso significa conhecer sobre seu produto ou serviço; ter mentalidade

Coaching no DNA

empreendedora; saber gerir seu tempo e pessoas; divulgar seu trabalho; ter conhecimento de gestão financeira, *marketing*, liderança; entender sobre o mundo dos negócios; ter habilidades de flexibilidade e adaptação; se desenvolver intelectual, emocional e espiritualmente; estar atento às novidades e atualizações do mercado.

Se não souber nada sobre esses temas terá dificuldades. Portanto, estude e se capacite o máximo que puder, busque boas formações e profissionais para auxiliá-lo.

Você precisará blindar seu *mindset*

Em alguns momentos você será seu maior inimigo e terá que lidar consigo mesmo o tempo todo.

Gerir uma empresa pode ser bem estressante, você passará por altos e baixos e precisará aprender a lidar com suas emoções.

Em alguns dias estará supermotivado, acreditando que nem o céu é o limite, e em outros se sentirá frustrado, inseguro, com dúvidas e incertezas.

A pressão é uma constante, afinal precisa fazer seu negócio dar certo.

Comparação: um passo para o seu fracasso. Esqueça se o seu colega da época da faculdade ou ex-colega de trabalho parece ser bem-sucedido. Considere investir fortemente em autodesenvolvimento e aprenda a lidar com suas oscilações emocionais.

"O melhor investimento que você pode fazer é um investimento em você. Quanto mais você aprende, mais você ganha" (Warren Buffett).

Você terá que tomar decisões difíceis

Você é o dono da empresa, logo, é o principal responsável pela tomada de decisões.

Principalmente para quem veio do mundo corporativo, mesmo estando em cargo de alta diretoria, estava acostumado a ter diretrizes a serem seguidas; então tomar decisões de sua própria empresa pode ser mais estressante do que imagina.

Em alguns momentos precisará mudar a direção de sua empresa, liquidar sociedades ou parcerias, demitir e contratar pessoas.

Essas decisões não são fáceis, mas precisam ser tomadas, portanto, acostume-se com essa responsabilidade e se prepare emocionalmente.

Você errará

Infelizmente você errará. E talvez com uma frequência maior do que espera. Toda história de sucesso é feita de vários fracassos. É inevitável e essencial. Faz parte de empreender.

Embora a maioria das pessoas tenha consciência disso, raramente aceitamos com facilidade nossas falhas.

Lucia Quintino

Novamente é primordial seu investimento em autodesenvolvimento para a habilidade de superar o fracasso e dar a volta por cima.

Procure pessoas que já passaram pelo caminho que você quer percorrer e tenha humildade de admitir que precisa de ajuda; contrate um profissional que traga experiência, conhecimento e resultados.

Resiliência não é papo de autoajuda

A pressão é uma constante, afinal precisa fazer seu negócio dar certo e infelizmente você errará. E talvez com uma frequência maior do que espera.

Em alguns momentos precisará mudar a direção de sua empresa, liquidar sociedades ou parcerias, demitir e contratar pessoas.

Você passará por altos e baixos e precisará aprender a lidar com suas emoções.

Toda história de sucesso é feita de vários fracassos. Faz parte.

Embora a maioria das pessoas tenha consciência disso, raramente aceitamos com facilidade nossas falhas.

Não deixe que o problema ou fracasso o paralisem.

Considere primordial seu investimento em autodesenvolvimento para aprender a lidar com suas oscilações emocionais, aprimorar habilidade de superar e dar a volta por cima.

Tenha frieza, analise o que deu errado, tire o aprendizado necessário e bola pra frente. Seja resiliente. Lembre-se de que existe vida após o fracasso e que é possível, sim, continuar.

Verdade extra: você se sentirá sozinho

Essa, provavelmente, é a verdade menos contada e que mais impacta a vida de um empreendedor.

Não é a falta de pessoas ao redor que fará com que se sinta sozinho, é a sensação de não ter com quem conversar honestamente sobre suas preocupações e experiências.

Vivemos num mundo em que o "normal" é ser trabalhador CLT e o empreendedorismo ainda é visto como um risco.

Pessoas de fora, sejam amigos ou familiares, dificilmente conseguem entender a cabeça de um empreendedor.

Enquanto muitos estão ansiosos com a sexta-feira, feriados, passando final de semana na praia, você está trabalhando e se dedicando a sua empresa, ou com a cabeça em seus projetos.

Algumas vezes as relações familiares ficam estremecidas. Pais, filhos, cônjuges e pessoas ao redor desacreditam de nossos sonhos inovadores e serão os que menos o encorajarão ou apoiarão em sua "loucura" de empreender.

Sim, na maioria das vezes você será visto como louco.

Coaching no DNA

Lembre-se de que na sociedade o "esperado" é ser um executivo de sucesso numa multinacional.

Constantemente empreendedores sofrem com dificuldades financeiras e emocionais com dúvidas sobre o futuro e o medo de tudo dar errado.

Você sente dificuldade em expressar sua vulnerabilidade, medo de prejudicar sua imagem e, consequentemente, sua empresa.

Fazer amizades com outros empreendedores provavelmente será um bom caminho para ajudá-lo.

Empreender definitivamente não é o caminho mais fácil, entretanto é bastante recompensador.

Envolve suor, lágrimas, sorrisos, desespero, preocupações, alegrias, confusão, cansaço, vitórias, responsabilidade.

Ainda assim, construir seu sonho e vê-lo se tornar realidade compensa todo o esforço investido.

Entenda que com dedicação, no futuro, você colherá os frutos.

Se você está pensando em ter o próprio negócio ou acabou de abri-lo, é importante se dar conta dessas verdades que ninguém conta, se preparar, se qualificar, planejar e dar o passo decidido de que é isso que você quer.

Invista em profissionais, mentorias, treinamentos, *coaching* e redes de *networking* para blindar sua mente, pois esse é o ativo mais importante de sua empresa, não importando o período em que se encontre.

É importante acreditar que tudo dará certo e se dedicar para fazer acontecer.

E, se precisar, conte comigo. Estamos juntos nessa jornada.

Bônus: como agradecimento à sua leitura, quero deixar um presente a você!

Quer saber se tem perfil empreendedor? Entre em meu *site* (www.segredosdalideranca.com.br) e realize um teste gratuitamente.

Coaching no DNA

Capítulo 15

Sim ou não? Uma provocação ousada ou uma nova visão sistêmica?

Este artigo retrata a dificuldade das pessoas dizerem "não", trabalha a inversão de valores que pode construir crenças limitantes e incita a reflexão de suas consequências. Instiga o leitor a uma aventura íntima para a autoanálise, rumo a uma mudança de postura comportamental que lhe trará melhor qualidade de vida.

Marcelo Fernandes David de Lima

Coaching no DNA

Marcelo Fernandes David de Lima

Bacharel em psicologia, tecnólogo em gestão de pessoas, MBA em *life, business & executive coaching*. Pós-graduado em transtorno alimentar, obesidade, cirurgia bariátrica; psicologia sexual; sexualidade humana; orientação profissional e carreira; *master coach*; *master* hipnose clínica; *practitioner* em programação neurolinguística (PNL). Proprietário da empresa Mcoach, localizada na região do Barreiro em BH–MG. Atua com processos de psicoterapia, *coaching* e treinamentos para empresas. Envolvido em projetos sociais, atuou por um ano como vice-presidente do Conselho Local de Saúde, do Hospital Eduardo de Menezes (2016-2017). Atualmente possui os projetos *Escuta-dor* na Paróquia Cristo Redentor e *Terapia do Riso*, que leva palhaçaria a pessoas carentes em creches, asilos e hospitais.

Contatos
mcoach-bh@outlook.com
Redes sociais: mcoachbh
(31) 99483-1833

Marcelo Fernandes David de Lima

A dificuldade de dizer não

Em toda a minha atuação como psicólogo, ensinei as pessoas a dizerem *não*. Sempre aparecem pacientes que se queixam por não saber negar algo, muitos já adoecidos por constantemente fazer tudo aos outros e acabar sendo esquecidos.

O problema de não saber dizer não é que quando a pessoa se percebe, não fez nada do que planejou, os seus sonhos são desfeitos de uma maneira tão rápida que nem ela mesma percebe. A decepção de nadar, nadar e não sair do lugar. O indivíduo se sente muito cansado, afinal de contas, trabalhou muito, mas não em prol do que precisava, dos seus objetivos.

Objetivos

Em 2012, quando cursava o MBA em *coaching*, o que eu mais estudei foi a palavra objetivo. Como isso foi importante na minha vida pessoal e profissional! Compreender qual o meu objetivo para a semana, para o mês, para o ano, para a vida! E o principal, entender o que isso significava.

Estudando *coaching* foi possível perceber a confusão que eu fazia entre os significados de objetivo e meta. Nem sempre entendemos todos os contextos que podem ser abarcados diante da riqueza que se apresenta na nossa língua portuguesa. Certo que isso me atrasou muito na chegada de onde almejava. Foi possível entender que aonde eu quero chegar é o meu objetivo e que e as ações que precisarei tomar para alcançá-lo são chamadas de metas.

Uma das lições mais preciosas que se aprende no *coaching* é que só se trabalha um objetivo por vez. Simplificando: ele é sempre empregado no singular e metas no plural, pois para cada objetivo é necessário desenvolver várias metas.

Inversão de valores

Todo ser humano, em seu crescimento, vai absorvendo, criando, e assim tomando para si alguns valores que vão constituindo a sua personalidade. Por isso, quanto mais vivido, mais difícil a mudança.

Coaching no DNA

Imagine passar a vida toda acreditando em algo e, de repente, alguém conferir argumentos fatídicos de que você está equivocado. Não é fácil assumir erros, nem simples passar por cima do nosso orgulho e aceitar que alguma coisa que por toda a vida acreditamos simplesmente se desconstruiu em uma frase afirmativa e meia dúzia de palavras argumentativas.

Nem sempre é desconstruído o que veio da infância, pode ser algo novo, recém-construído e, mesmo assim, às vezes, é complicado dar o "braço a torcer". Porém, manter esse orgulho nos prejudica.

Outro dia, um paciente de psicoterapia fez a construção de que o cachorro dele o levava para sair, uma vez que, por ser de grande porte, era quem o conduzia pelo caminho. Intervi dizendo que, para o *pet* sair, alguém teve que colocar a coleira nele, abrir o portão, e que ele poderia até estar permitindo que o animal fizesse a escolha do caminho, mas ainda era o responsável, ele quem proporcionava e conduzia o passeio.

Lembro-me de que uma das coisas mais difíceis que aprendi na faculdade de psicologia foi que até fazer absolutamente nada é uma escolha, pois também gera consequências. Nós somos autores, escritores e atores da nossa própria vida. Com exceção à morte, não negligenciando a saúde, só acontece em nossa vida o que permitimos!

Outra paciente de psicoterapia, imersa num quadro profundo de depressão, disse que tudo que ela queria era uma resposta da vida, para que ela pudesse melhorar. Logo, intervi dizendo que, na verdade, nós é quem devemos respostas. Não era preciso melhorar para ficar bem, mas o inverso, era necessário ficar bem (ação) para melhorar.

Assim como o caso de obesidade que trato no consultório e *coachitório*: muitos reclamam que precisam de disposição para realizar atividade física e eu sempre pontuo – vocês devem fazer atividade física para ter disposição!

Parece que as pessoas acreditam em valores inversos, querem ter algo para ser algo, quando é totalmente o contrário. O ter faz parte do ser. Por muito tempo, fiz uma construção errônea de que eu não precisava ter e que o importante era o ser. Hoje, com a ajuda de minha terapeuta e *coach*, pude associar melhor esse valor inverso que, por anos, me acompanhou. Ambos são importantes, mas existe uma ordem: entendi que o ser é essência e o ter é consequência!

Lembrando que o ser é um termo da psicologia humanista existencial que se refere à essência do indivíduo, enquanto o ter é ligado à condição material. É importante ficar atento aos contextos em que esses termos são empregados, pois quando se trata de sentimentos eu não sou, eu não tenho nada! As pessoas chegam ao consultório e falam "eu sou triste!", "eu tenho depressão!", "eu sou gordo!", "eu tenho síndrome do pânico!".

Marcelo Fernandes David de Lima

Você não é ou tem isso!!!! Você está triste! Você está com depressão! Você está gordo! Você está com síndrome do pânico! A inversão de que esses sentimentos são uma máxima incontornável da sua essência pode aprisionar a sua saúde mental. Entender que podemos passar por momentos difíceis e nos implicar no processo de qualidade de vida faz toda a diferença.

Programação neurolinguística

Com a neurociência, entendemos que o nosso cérebro funciona com pensamentos que, por sua vez, são concatenados com a língua materna, no nosso caso, o português. Logo fui buscar conhecimento na PNL – programação neurolinguística.

Geralmente, quando alguém erra uma fórmula de Excel, por exemplo, começa a resmungar que o sistema errou, que o computador está com problema etc.

Tiramos de aprendizado que o ser humano tende a não se implicar nos erros. A psicologia nos ensina que errar é algo natural e que não devemos nos punir por isso, mas, sim, melhorar. Aprendemos também que só é possível mudar um comportamento quando tomamos consciência dele, ou seja, quando o aceitamos.

O *coaching*, por meio da PNL, nos coloca para pensar e, assim, realizar. Pensamos, sentimos e agimos. Todas as nossas ações estão, intrinsecamente, ligadas ao pensamento que construímos.

Um exemplo extraordinário que aprendi no *coaching*, com a PNL, é que não devemos dar *feedback*, mas, sim, *feedforward*. *Feedback* é retroalimentação do passado, coloca-se em foco o erro da pessoa com a intenção de ela perceber onde falhou e elaborar novos planos de desenvolvimento. No entanto, ao focar no erro, o cérebro é condicionado a produzir substâncias como a adrenalina, capaz de gerar um estado de alerta que, ao invés de ajudar no trabalho, pode atrapalhar muito se a quantidade dispensada for além do necessário.

Ao saber que receberá uma notícia ruim ou uma crítica, sentimos medo por estarmos em uma situação de risco, passam mil coisas na cabeça de uma pessoa recebendo *feedback*, como, por exemplo, "não posso perder esse emprego, pois tenho um filho para criar!". Ao sentir isso, o corpo sofre um choque, o hipotálamo (responsável por manter o equilíbrio entre o estresse e o relaxamento) é acionado e envia uma mensagem ao organismo de modo a ficar alerta, ativando as glândulas suprarrenais que produzem adrenalina. Aumentam os batimentos cardíacos e o fluxo de oxigênio no corpo, as pupilas dilatam. Sobe a produção da glicose, gerando mais energia, e a chance de agir impulsivamente é alta, pois a adrenalina é responsável por criar um estado de prontidão, de alerta, como se o pior fosse acontecer a qualquer momento. Isso deixa a pessoa tensa, agitada e com expectativas ruins.

Coaching no DNA

Além disso, o nosso cérebro precisa de substâncias de prazer e, quando é adotado o *feedback*, a produção dessas substâncias não é gerada. No *feedforward*, em vez de focar nos erros, é focada a capacidade autoprodutiva de a pessoa fazer ainda melhor, de proporcionar uma visualização e um futuro promissor. O foco está na solução e não no problema, exalta-se a confiança depositada no indivíduo, em suas qualidades únicas, e isso é visto como um desafio positivo.

Por focar na possibilidade de acerto e não no erro, a pessoa se sente confiante, motivada a gerar a mudança que a levará rumo ao seu potencial máximo, liberando o que chamamos de hormônios da felicidade. Dopamina, serotonina, endorfina e ocitocina são substâncias produzidas em nosso cérebro, importantes para várias funções psicológicas, elas nos trazem bem-estar, motivação, alegria, euforia e confiança.

A ocitocina é considerada a líder dos quatro hormônios do prazer, chamada de hormônio do abraço ou hormônio dos vínculos emocionais, ela estimula as outras três substâncias do prazer. É fundamental à construção dos vínculos afetivos, para gerar confiança e segurança.

Já a dopamina é identificada como o hormônio da recompensa. Atua na motivação, aumento da produtividade, alcance de metas e objetivos em curto prazo. Está associada também ao amor, bem-estar, felicidade e prazer.

A serotonina, por sua vez, é responsável pelos desejos, está ligada também à felicidade, ao prazer, à disposição, capacidade de concentração, capacidade de memória, capacidade de aprendizado, aumento do apetite sexual.

E a endorfina ajuda a relaxar o corpo e a mente, afasta o estresse, alimenta o bem-estar, a felicidade e o bom humor.

Conclusões do autor: dizer sim!

Devido à grande dificuldade em dizer não, muitas pessoas ficam desalinhadas a seus *objetivos*. O *coaching* é a metodologia mais eficaz para conduzir o *coachee* do estado atual até o desejado.

Parece fácil, mas dizer sim é muito difícil, pois envolve se implicar em uma causa. Quem quer ter responsabilidade hodiernamente, não é verdade? Aliás, reformulando: quem quer ter mais responsabilidades? Já temos tantas que quase não conseguimos nos empenhar 100%.

Mas o sim pode fazer muito bem, tirar do comodismo, trazer desafios, novas ações exploratórias. O *coaching*, juntamente com a PNL, ensina como ganhar o sim das pessoas. Acredite, existem várias técnicas com esse fim e funcionam de verdade!

Marcelo Fernandes David de Lima

Dizer sim pode trazer vários benefícios, uma vez que os indivíduos dão tantos nãos à vida, que perdem oportunidades. Mas, a partir do momento em que enveredamos pelo *coaching* e suas raízes, vamos entendendo melhor o que o sim pode proporcionar às pessoas. Com o *coaching* e a PNL, entendi que não preciso dizer não ao outro, eu só preciso dizer sim para mim!

Referências

CARTER, Rita. *O livro de ouro da mente: o funcionamento e os mistérios do cérebro humano*. Rio de Janeiro: Ediouro, 2003.

GARCIA, Luiz Fernando. *O cérebro de alta performance: como orientar seu cérebro para resultados e aproveitar todo o seu potencial de realização*. São Paulo: Editora Gente, 2013.

JOHNSON, Steven. *De cabeça aberta: conhecendo o cérebro para entender a personalidade humana*. Rio de Janeiro: Jorge Zahar ED., 2008.

MACKNIK, Stephen L. & MARTINEZ-CONDE, Suzana. *Truques da mente: o que a mágica revela sobre o nosso cérebro*. Rio de Janeiro: Zahar, 2011.

MELLO, Marco Túlio de. et al. *O exercício físico e os aspectos psicobiológicos*. Universidade Federal de São Paulo – UNIFESP, São Paulo, 2005. Disponível em: <http://www.scielo.br/pdf/rbme/v11n3/a10v11n3>. Acesso em: 28 de jan. de 2019.

ROHDEN, Fabíola; ALZUGUIR, Fernanda Vecchi. Desvendando sexos, produzindo gêneros e medicamentos: a promoção das descobertas científicas em torno da ocitocina. *Cad. Pagu*. N° 48. Campinas, 2016. Disponível em: <http://www.scielo.br/scielo.php?script=sci_arttext&pid=S0104-83332016000300302>. Acesso em: 28 de jan. de 2019.

SATO, Camila Luisa; ERNANDEZ, Arnaldo José & OKAMOTO Ivan. Em situações de risco, nosso corpo ganha super poderes. *Revista Super Interessante*. Pub. Fev de 2011. Disponível em: <https://super.abril.com.br/ciencia/em-situacoes--de-risco-nosso-corpo-ganha-superpoderes/ >. Acesso em: 28 de jan. de 2019.

SAWAYA, Ana; FILGUEIRAS, Andrea. "Abra a felicidade?" Implicações para o vício alimentar. *Estud. av.* vol. 27, N° 78. São Paulo, 2013. Disponível em: <http://www.scielo.br/scielo.php?script=sci_arttext&pid=S0103-40142013000200005 > Acesso em: 28 de jan. de 2019.

SOUZA, Cheylla Fabricia M. et al. *A doença de Parkinson e o processo de envelhecimento motor: uma revisão de literatura*. Universidade Potiguar – UNP, Mossoró-RN, 2011. Disponível em: <http://revistaneurociencias.com.br/edicoes/2011/RN1904/revisao%2019%2004/570%20revisao.pdf >. Acesso em: 28 de jan. de 2019.

Coaching no DNA

Capítulo 16

O *coaching* e a carreira de sucesso

Você sabe onde começa uma carreira de sucesso? A resposta é muito simples: na mente. Neste capítulo, usando a minha trajetória como exemplo, ensinarei como fazer escolhas e ser protagonista da própria história, deixando de lado a vontade dos outros, a angústia e a infelicidade.

Márcia do Nascimento Morais McCloghrie

Coaching no DNA

Márcia do Nascimento Morais McCloghrie

Graduada em Educação Física e Direito. Pós-graduada em Psicologia Positiva. Mediadora judicial e extrajudicial (TJ/RJ). Profissional & *self coaching* (IBC), analista Disc, *leader coach* (Behavioral Coaching Institute – BCI) e analista comportamental (Instituto Brasileiro de Coaching – IBC). Diretora da Diretriz Coaching, palestrante, consultora e *coach* de carreira, empreendedorismo e liderança feminina.

Contatos
Facebook: Diretriz Cursos e Treinamentos
Instagram: marciamoraiscoach
Instagram: diretrizcursos
(21) 99266-5297

Márcia do Nascimento Morais McCloghrie

"Coaching é uma relação de parceria que revela e liberta o potencial das pessoas de forma a maximizar o desempenho delas. É ajudá-las a aprender ao invés de ensinar algo a elas..."
Timothy Gallwey

Em minha experiência como *coach* de carreira, observo que a maioria dos profissionais está insatisfeita com a profissão. Grande parte pelo medo da mudança e falta de planejamento, dúvidas quanto à profissão, insegurança e conformismo financeiro. Em minha trajetória profissional não foi diferente. Depois de duas faculdades, não sabia qual direção seguir, me via literalmente chutando pedrinhas na rua. A tristeza me rondava e por mais que continuasse estudando, não focava em nada. Estudava para concursos, prova da OAB e não me via atuando nessas profissões. O pior de tudo: estava me tornando muito infeliz.

Um dia entrei em uma livraria e li a respeito do *coaching*; logo me identifiquei. Quando eu vi, já estava com a certificação internacional. Depois veio a pós-graduação em Psicologia Positiva e o curso de Mediação Judicial. Nunca mais parei de estudar, ir a congressos e ler a respeito. Entendi que minha missão é ajudar pessoas para que elas encontrem dentro de si o seu melhor, descubram seus objetivos, vençam seus limites e ultrapassem suas metas. Eu acredito fielmente no potencial ilimitado do ser humano. Cuidado com tudo aquilo que um dia você sonhou! Isso pode realmente acontecer, basta acreditar, persistir e jamais desistir.

Quando finalizo um processo bem-sucedido, me sinto a pessoa mais realizada do mundo. Felizmente mudei totalmente de profissão e hoje executo meu trabalho não como uma obrigação, mas, sim, com muita satisfação.

Uma das causas da infelicidade é fazer aquilo que você não quer, cair na armadilha de que outras pessoas podem decidir o seu destino. O importante na escolha profissional é equilíbrio entre trabalho e vida pessoal.

Você sabe onde começa uma carreira de sucesso? A resposta é muito simples: na mente. Nossos pensamentos são capazes de produzir resultados. Existe uma conexão poderosa entre nossos

Coaching no DNA

pensamentos e nossas palavras. O corpo também expressa nosso estado emocional. Quando estamos tristes, nossa cabeça fica baixa e o ombro mais caído. Quando estamos felizes, ficamos mais confiantes, cabeça erguida e sorriso estampado no rosto. O cérebro, por sua vez, é fantástico. A palavra não, por exemplo, não é processada pelo cérebro. Quando o cérebro ouve a palavra não, ele investe energia naquilo que você não quer. O que se deve fazer neste caso? Deve-se mudar a pergunta para: então o que realmente eu quero?

Como consequência, a maioria de nós não consegue fazer as escolhas certas: escolhe a faculdade que os pais querem, escolhe o marido que todos acham legal, escolhe o trabalho pelo salário, e por aí vai. Devemos fazer nossas escolhas, ser protagonistas da nossa própria história. Viver a vida com a vontade do outro é inútil, só traz angústia e infelicidade.

Estamos sempre buscando a aprovação de terceiros para tomar algumas decisões. De forma consciente ou inconsciente focamos no ter antes do ser. Quando se inicia o processo de *coaching* de carreira, a primeira área a ser trabalhada é o autoconhecimento, que é de fundamental importância para uma escolha profissional assertiva.

Um de meus *coachees*, Clayton Sorva, inclusive autorizou a publicação de seu depoimento sobre essa mudança proporcionada pelo *coaching* a partir do autoconhecimento:

Conhece a ti mesmo

Dizer qual foi a principal transformação que o processo de *coaching* me trouxe não é tão simples. A começar pelo meu achismo somado à ansiedade de achar que passaria por uma metamorfose a ponto de me tornar outra pessoa. Hoje, um ano após todo o processo, diria que passei, sim, por uma metamorfose, mas nunca fui tão eu mesmo quanto sou hoje. Reconhecer que tenho talentos aumentou minha autoconfiança. Aceitar meus defeitos e erros me fez olhar o próximo com mais empatia. Ter clareza dos meus medos me fez enfrentá-los. Com minha fé renovada e o universo tendo conspirado em meu favor, tenho certeza de que o que importa não é chegar ao topo, mas, sim, a caminhada até lá. (Clayton Sorva)

Márcia do Nascimento Morais McCloghrie

Exercício

Escreva em um papel tudo aquilo que quer conquistar na vida: sonhos que teve na infância e que tenham alguma importância. Escreva também ideias que o fizeram vibrar por dentro. Não mostre a lista para ninguém, a não ser para alguém de muita confiança. Não discuta a lista com ninguém que possa sabotar seus sonhos. Não deixe nenhum ladrão roubar seus sonhos e nunca desista deles.

É hora de realizar os sonhos e concretizar aquela visão sobre o que, certa vez, imaginou que pudesse ser sua vida ideal. Mesmo que tenha de trocar de profissão, mesmo que precise enfrentar o desconhecido e começar do zero, mesmo que tenha de correr riscos. Muitas pessoas passam pela vida adiando alegria e felicidade; a hora de ser feliz é agora!

Pessoas anulam sonhos em troca de salário, estabilidade financeira ou *status*. Por que isso acontece? A resposta é simples: estamos procurando a felicidade sem propósito. Desprezamos a certeza de sermos únicos; ninguém neste planeta é 100% igual, reforçando assim a importância do autoconhecimento, pois quanto mais nos conhecemos, mais entendemos o que é realmente importante para nossas vidas e como queremos viver de acordo com nossos valores, missão e propósito.

Pense no futuro

O passado está morto e não pode ser mudado. Ele serve apenas para oferecer direção e sabedoria para que tome decisões melhores no futuro. O que importa é para onde está indo a partir de agora. O que passou não pode ser recuperado, mas sua posição firme de investir no presente e sonhar com o futuro é viável. Seguir em frente e visualizar o futuro pintado com as cores que decidir. Não deixe que outras pessoas decidam por você. Quanto mais você sente que está no controle do que está acontecendo consigo, mais poder pessoal terá. Decida exatamente o que quer em cada área de sua vida e depois ajuste o foco. Quando sentir que seu barco está sem direção, ajuste as velas, não deixe que nada atrapalhe seus objetivos. Mantenha-se firme, com determinação. Decida antecipadamente que nunca vai desistir.

> "Pode-se tirar tudo de um homem exceto uma coisa: a última das liberdades humanas – escolher a própria atitude em qualquer circunstância, escolher o próprio caminho."
> Viktor Frankl

Capítulo 17

Coaching no DNA

O *coaching* empurra as pessoas para a frente, busca ação, trabalha as crenças que limitam, esclarece desejos e sonhos tornando-os objetivos de vida. Com estratégias práticas, o processo de *coaching* passou a ser um norte para aqueles que se recusam à acomodação e buscam transformar sonhos em realidade. É essa transformação que nos move, e fizemos do desenvolvimento de pessoas a nossa profissão, pois percebemos que temos o *coaching* no nosso DNA.

Márcia Rizzi

Coaching no DNA

Márcia Rizzi

Executiva em empresa de grande porte, levou sua experiência de mais de 20 anos como líder para muitas corporações, atuando como consultora em RH e desenvolvimento de pessoas. É *coach* há 15 anos, com mais de 5 mil horas de atendimentos em *life* e *executive coaching*, processos de mentoria para novos *coaches* e para executivos em empresas. É professora no MBA *Liderança* e *Coaching* no grupo Kroton. Com MBA pela USP em RH, após cursar pós-graduação na Faap e na Amana Key e formar-se em Direito e Administração. *Coaching no DNA* é seu 11º livro em parceria com a Literare Books International.

Contatos
www.marciarizzi.com.br
marizzi@uol.com.br
(11) 99984-3804

Márcia Rizzi

Somos sementes repletas de potencial

Para realizar seu potencial de energia vital, toda semente deve se destruir enquanto semente, para se transformar em planta, deve se reinventar. Assim acontece conosco, vivemos em um ambiente em que tudo está fluindo, exigindo que nos reinventemos a todo instante. O grande Heráclito, 500 anos a.C., nos ensinou que "nenhum homem pode passar pelo mesmo rio duas vezes, quando passa novamente já são outras águas, outro rio, e ele mesmo já é outro homem".

Podemos afirmar que o sucesso pertence aos que lidam melhor com as mudanças, até porque a era da previsibilidade já era. Sim, a mudança é constante, exige flexibilidade de nossa parte, e trabalhar a flexibilidade requer renunciar ao que já sabemos, permitindo-nos o aprendizado contínuo, reinventando-nos permanentemente. Tomo cuidado com quem diz sobre si mesmo: "Eu sou assim". Cuidado, porque estou interagindo com alguém que não percebe, ou não quer perceber, o quanto tudo muda. Esses são os mesmos que, vez ou outra, dizem que gostariam de ter vivido em outros tempos, citando as carruagens e os bondes. Será que agem assim porque buscam o que podem prever, reconhecendo, mesmo que inconscientemente, que a imprevisibilidade os tensiona a tal ponto de negarem a realidade?

Trabalhando com a transformação de pessoas ao longo dos últimos 15 anos, como *coach*, sabemos, pela prática, que em cada um de nós estão todas as potencialidades necessárias para criarmos uma vida com mais equilíbrio e qualidade. Os processos de *coaching* e mentoria auxiliam a enxergar melhor, e mais depressa, o que fazer para concretizar o que pretendemos. Sim, o sucesso não está ao alcance de todos, nem é privilégio de qualquer um, requer coragem e muita garra para conquistá-lo.

Há uma pequena porcentagem de pessoas que realmente desenvolve todo o seu potencial e um enorme percentual de sementes que atinge o seu pleno talento.

Você quer passar da fase semente?

Respondendo sim, prepare-se para as necessárias mudanças que o espelho do autoconhecimento exigirá. Enfrentar a própria verdade

Coaching no DNA

dói e incomoda tanto que muitos rejeitam a imagem, passam a olhar só para fora, observam o outro.

Fazendo essa avaliação, da maneira mais honesta, enxergará como está sua vida hoje e o que o trouxe a esse ponto.

No DNA do processo de *coaching* temos o autoconhecimento.

A transformação tem início olhando para si mesmo, relatando, preferencialmente por escrito, como foi sua história até hoje. Aqui o "eu semente" observa como foi e busca entender como chegou até aqui, que caminhos percorreu e por que foi assim. Entender a relação paterna e materna faz parte desse início, porém a necessidade de mergulhar fundo nesse ponto nos leva a indicar terapia. No processo de *coaching* cabe apenas entender como foi para seguir em frente, e se doeu demais, é uma terapia libertadora.

Vamos praticar? Coragem. O orgulho ainda o mantém preso, resistindo às mínimas mudanças para não admitir o quanto tem errado? Seus medos, quando nomeados, apontam: medo do ridículo, da opinião dos outros, do sucesso ou da rejeição ou do fracasso, ou de que riam de você? Reconhece que interferem no seu modo de ser?

Descreva cada um dos seus medos e, em seguida, imagine que se tornaram realidade. Exemplo: e se a situação me envolvendo fosse ridícula, como eu me sentiria? O que aconteceria a seguir? Como eu reagiria? Caminhe no "e se" até ampliar o seu grau de consciência sobre cada um deles. Assuma a responsabilidade, sem culpa, sobre a situação imaginada. O que pode fazer diferente para não passar por tal constrangimento? Fique bem atento às desculpas que dá a si mesmo, pois nos parecem verdadeiras.

Desculpas verdadeiras são "aquelas verdades que usamos como desculpas" para não desafiar nossas crenças.

Vamos praticar?

O que gosta ou não em si mesmo? O que deseja mudar? Está ciente de que pode ser o que quiser, desde que realmente o queira e pague o preço?

Vida pessoal, familiar, profissional, social, examine cada área em separado. Perceba padrões de comportamento e leve em consideração: não existem acasos, mas causas que o levam às experiências.

Quanto aos padrões, você os aceita sem questioná-los ou desafiá-los? E seu piloto automático, em que circunstâncias é acionado, e quais são seus ganhos e perdas por mal perceber o que está fazendo? Frente à pressão, quais são suas rotas de fuga: televisão, bebida, dormir, doces, chocolates?

Márcia Rizzi

Processo de transformação

No DNA do processo de *coaching*, temos também o reinventar-se, com o seu *start* no autoconhecimento e na certeza da necessidade da transformação. Se não sentirmos em nosso íntimo o dever de vencer os limites de nossa inércia, em busca do algo mais a atingir, não serão milhares de livros, palestras ou *feedbacks* capazes de provocar mudanças duradouras. Reconhecer a necessária mudança de comportamento e identificar escolhas que impedem essa transformação são grandes desafios. O ser humano aprimorado será, nas famílias, nas organizações ou nos grupos, um colaborador ainda melhor. Esse caminho de desenvolvimento será facilitado quando acompanhado por alguém da nossa confiança, um mentor, *coach*, orientador, mestre, seja lá o nome que você dê. Esse avanço deve ser ancorado em conhecer-se mais, perceber onde pode melhorar e agir no sentido das mudanças desejadas.

Nesse ponto, da semente começa a despontar algo novo, um pequeno broto, o sinal da transformação na prática. Temos aqui a percepção de que já não somos os mesmos. Entendemos que os gatilhos, outrora responsáveis por conflitos, agora nos são pouco significativos. Os eventos que alimentavam nosso ego e a necessidade de reconhecimento começam a parecer dispersadores de algo maior.

O que preciso mudar? Lembre-se: você só pode modificar o que reconhece. Identifique, reconheça e comece a agir, na certeza de que a vida recompensa a ação. Os primeiros passos são, aqui também, os mais desafiadores. Temos mais alguns exercícios capazes de ajudá-lo. Faça questionamentos que aprofundem o seu mergulho interior e o desafiem a se superar.

Identifique um comportamento qualquer: o que ganho? O que evito? Torna minha vida mais fácil, segura ou melhor? Tenho histórias de sucesso ao cultivá-lo? Qual é a mudança de hábito desejada e/ou necessária? Quais serão os custos dessa transformação?

Árvore frondosa ou bonsai

Sementes iguais, com a poda de raízes e galhos adequada, podem se transformar num gracioso bonsai. Apesar de belo, o bonsai não leva aquela semente a atingir seu pleno potencial. Se a mesma semente for levada a solo farto, receber água e luz, se transformará em frondosa árvore, alimentando com frutos e sombra.

A retrospectiva de sua vida, em forma de avaliação honesta, o fez entrar em contato com o que não gosta e está presente em seu cotidiano, tendo por base os resultados que produz, assim como as possibilidades de mudanças.

Deixe de lado as desculpas que não permitem as alterações que você acabou de reconhecer como necessárias. A palavra de ordem aqui é transformar intenção em ação. Para tanto, mergulharemos mais fundo.

Coaching no DNA

Responda.

Meus comportamentos me levaram a uma rotina de inércia? Parei de agir de forma a criar resultados de qualidade? Passei a viver um dia após o outro, como se a vida não tivesse nenhum sentido especial? Estou em dia com as pessoas que amo? Aqui também a inércia está presente? Estou ciente dos riscos advindos de tais comportamentos?

Tal qual erva daninha, que poderá danificar o broto recém-germinado, as crenças limitantes precisam ser arrancadas pela raiz. Do contrário, impedirão a nossa ação. As crenças limitantes nos transformam em bonsai.

Consegue identificar quaisquer crenças limitantes que sabotem a sua ação? Quer ajuda para reconhecê-las? Que tal estas? É egoísmo da minha parte dedicar tanto tempo e energia comigo mesmo. Não mereço uma segunda chance. Qualquer mudança pode chatear outras pessoas. Não sou tão inteligente nem tão qualificado para chegar ao topo.

Em síntese, prezado leitor, nossas crenças nos aprisionam. À medida que nos tornarmos conscientes de que elas existem, poderemos fazer diferente. Fazendo de forma diferente, construiremos resultados diferentes. Para cada mudança pretendida, montaremos juntos, no seu processo de *coaching*, a estratégia adequada.

Reconheço que tenho o *coaching* no meu DNA.

Como sei que tenho o *coaching* no meu DNA? Observando a quantidade de vidas reinventadas porque, um dia, nossos caminhos se cruzaram. Gratidão!

Coaching no DNA

Capítulo 18

O *coaching* de equipe no desenvolvimento de times e equipes de trabalho

Coaching de equipe é um processo feito junto aos colaboradores a fim de melhorar seu desempenho com alinhamento de comportamentos, avaliação dos pontos de melhoria e do que precisa ser desenvolvido. Seu propósito é criar times de trabalho altamente efetivos nos negócios, propiciando avanços e facilitando o desenvolvimento de competências e comportamentos importantes para os resultados da empresa.

Mariza Junqueira

Coaching no DNA

Mariza Junqueira

Profissional da área de pessoas da Elevadores Atlas Schindler S/A, multinacional em que desenvolveu sua carreira. Sua paixão por pessoas definiu seu caminho profissional. Encara seu trabalho como uma missão. Vivenciou todos os subsistemas de RH e nos últimos anos tem atuado mais fortemente na parceria com o negócio na área de pessoas. Tem ampla experiência como gestora da área de recursos humanos. Facilitadora de diversos treinamentos de liderança e ações comportamentais, entre eles o *coaching* de equipe. É advogada formada pela Unicesumar, possui diversas formações e especializações na área de humanas, como *High Performance Team Coaching* - Erickson Coaching International, *Senior Coaching Program* e *Certified Personal and Executive Coaching* - Integrated Coaching Institute (ICI), curso intensivo de gestão empresarial - Business School São Paulo (BSP), *Neuro-Linguistic Programming* - NLP Life Training, pós-graduação em Direito Constitucional - PUC e pós-graduação em administração de recursos humanos – ESAN.

Contatos
mariza.junqueira@outlook.com
(13) 99165-0198

Mariza Junqueira

O que é uma equipe?

Equipe é um grupo de pessoas que se junta para alcançar um objetivo comum. Também é definida como um pequeno grupo de pessoas com habilidades complementares que trabalham juntas com o objetivo de atingir um propósito comum, pelo qual se consideram coletivamente responsáveis ou como um grupo com funcionamento qualificado, que compreende seus objetivos e está engajado para alcançá-los de forma compartilhada.

A comunicação entre os membros é verdadeira e as opiniões divergentes são estimuladas. As habilidades complementares dos integrantes possibilitam alcançar resultados e os objetivos compartilhados determinam seu propósito e direção.

O que é *coaching* de equipe?

O *coaching* de equipe é um processo feito junto aos colaboradores a fim de melhorar o desempenho de todos, com alinhamento de comportamentos dos integrantes e avaliação tanto dos pontos de melhoria como daqueles que precisam ser desenvolvidos.

Esse método deve ser utilizado para a construção de times fortes, baseado nos valores dessa equipe e nos comportamentos esperados. Durante o processo, o *coach* coleta os pontos fortes e fracos dela e, juntos, trabalham na construção dos compromissos do time.

Por que fazer *coaching* de equipe?

O propósito do *coaching* de equipe nas empresas é criar times de trabalho altamente efetivos nos negócios, propiciando avanços e facilitando o desenvolvimento de muitas competências ou comportamentos que são importantes para que os resultados das empresas sejam efetivos, eficientes e lucrativos. Entre os benefícios encontramos:

- Desenvolvimento dos comportamentos das equipes.
- Aproximação das pessoas, alinhamento da visão, missão e dos valores da empresa e do time de trabalho.
- Fortalecimento de times de sucesso.
- Construção de equipes fortes para suportar os desafios do mercado.

Coaching no DNA

- Aumento de vendas.
- Redução dos conflitos desnecessários entre os indivíduos e os times de trabalho.
- Elevação dos índices de engajamento das equipes de trabalho.
- Utilização do conflito criativo para gerar ideias e facilitar melhorias e inovações.
- Desenvolvimento de um time de alta *performance*.
- Integração de todos os componentes desse time para que haja visão compartilhada, comunicação mais eficaz e relacionamentos interpessoais mais produtivos.
- Percepção dos resultados mais rapidamente, tais como a melhoria da *performance*, pois permite que a equipe possa avaliar suas atitudes e posturas e, se necessário, modificá-las, para então alcançar o sucesso desejado.
- Criação de um compromisso do time, estabelecendo objetivos claros de forma que a equipe alcance o estado desejado.

Dessa forma, espera-se desenvolver as competências necessárias para que a equipe se transforme em um time de alta *performance*. Por exemplo, o entendimento e a aplicabilidade da missão e valores da empresa em conjunto com os valores individuais e pessoais; as competências como comunicação, vendas, atendimento; ou ainda relacionamento interpessoal, motivação etc.

Dentre os aspectos mais comumente trabalhados nas equipes estão:
- Desenvolvimento de um time de alta *performance*, com novos comportamentos voltados para resultados e para fazer a diferença.
- Alinhamento de metas pessoais com as metas da empresa.
- Aprimoramento da comunicação com clareza, precisão e responsabilidade para que seja bem compreendida.
- Elevação dos indicadores de produtividade e qualidade.
- Utilização do conflito criativo para gerar ideias e facilitar melhorias e inovações fazendo com que os integrantes da equipe consigam tomar melhores decisões em conjunto.
- Criação de maior senso de confiança e respeito entre os integrantes.
- Compreensão das barreiras que impedem o trabalho em equipe.
- Promoção da integração e sinergia de uma equipe estruturada valorizando a autonomia, respeitando e entendendo a riqueza das diferenças.

É importante ressaltar a diferença entre *coaching* de grupo, *coaching* de equipe e *team building*.

Coaching de grupo: processo de *coaching* para o público em aberto. Aborda o mesmo tema.

Coaching de equipe: lida com o dia a dia. Processo para ajudar as equipes que trabalham juntas, geralmente uma que não está funcionando bem ou pode avançar virando um time.

Mariza Junqueira

Team building: processo mais lúdico para gerar espírito de equipe (trabalho mais pontual).

O *coaching* de equipe, de acordo com Manfred F. R. K. de Vries, (2014, p. 253), também é recomendado e pode ser utilizado por times que estejam implementando significativos esforços de mudança, tais como a mudança de um executivo ou de um gestor, por exemplo. O processo também pode ser aplicado a equipes recém-criadas que queiram começar uma nova história de sucesso, abreviando o caminho para o alto desempenho. Porém não podemos falar em *coaching* de equipe sem abordar "mudança".

Conforme L. Michael Hall (2017 p. 13), o foco é trabalhar o comportamento das pessoas dentro da equipe. Para que sejam bem-sucedidas enquanto grupo, os integrantes devem se comprometer com as mudanças necessárias ou as que vierem a ser acordadas. *Coaching* é mudança e o de equipe possibilita aos participantes se tornarem agentes e promotores das alterações necessárias.

Os *coaches* são agentes ou facilitadores das mudanças. Dessa forma, o *coaching* é um processo iminente para tanto, que também faz parte das equipes de trabalho em constante transformação. Num processo voltado à equipe, todos perceberão um pouco essas alterações, assim como sua velocidade, tipo, direção e qualidade.

Pode ser necessária uma adaptação aos valores do time, rever crenças e atitudes. Isso ocorre porque o objetivo do processo é buscar a visão e missão comuns, aprofundar a empatia – colocar-se no lugar do outro – e o *feedback* genuíno entre os membros. Essa construção gerará uma confiança maior na equipe e o verdadeiro espírito de "time".

Peter Senge, em *A quinta disciplina*, dedicou um capítulo inteiro à aprendizagem da equipe, enfatizando o poder do grupo, de pessoas funcionando como um todo, o que cria o alinhamento do time:

> A característica fundamental da equipe relativamente desalinhada é o desperdício de energia. Os indivíduos podem dar tudo de si, mas seus esforços não se traduzem eficientemente como esforço da equipe. (SENGE, 2018, p. 338)

De acordo com L. Michael Hall:

> Quando um grupo desenvolve um senso de identidade como equipe, seu espírito de equipe reflete um alto nível de cooperação e colaboração. Isso nos possibilita pensar nos níveis mais elevados ao examinar nossos *frames* de referência e

Coaching no DNA

> ao mover-nos além de um pensamento ganha/perde para um pensamento ganha/ganha. Isso aumenta a coesão do grupo e sua efetividade. (HALL, 2017, p. 105)

Transformar um grupo em uma verdadeira equipe requer permitir que cada membro do time desenvolva um senso comum de propósito e compromissos conjuntos.

A partir daí desenvolvemos uma nova identidade de equipe, a crença de que, trabalhando juntos por uma causa comum, todos ganham e percebemos que somos mais fortes. À medida que essa coesão cresce, o grupo vira uma equipe.

> Equipes bem-sucedidas confiam umas nas outras, se comprometem a participar de decisões e planos de ação, se responsabilizam pessoalmente pelo que fazem, se concentram em obter resultados coletivos e reconhecem como cada equipe pode contribuir para o sucesso da organização. (VRIES, 2014, p. 251)

Quando um grupo opera com sua capacidade máxima, cada integrante faz sua parte e pode ser responsabilizado por sua própria contribuição para o desempenho da equipe, para o desempenho do todo.

Coaching de equipe – o processo

No processo de *coaching* de equipe, os integrantes se autoavaliarão, dirão quais competências ou comportamentos melhorarão e quais os compromissos de mudança que assumirão.

A equipe dirá ao *coach* como está e aonde quer chegar para se tornar eficiente, estabelecer como pilar os valores organizacionais e os do time e, caso não existam, construí-los antes da sequência.

De acordo com Peter Senge (2018, p. 303.), uma visão compartilhada é o primeiro passo para possibilitar que pessoas que não confiavam umas nas outras comecem a trabalhar juntas. Ela cria uma identidade comum, isso muda as relações dos indivíduos em organizações maiores.

Ainda de acordo com Peter Senge (2018, p. 324.), para essa construção respondemos a três perguntas: "O quê?", "Por quê?" e "Como?".

A visão é a resposta para "O quê?". O propósito ou a missão é a resposta para "Por quê?". E os valores são as respostas para como queremos atuar, quais valores construir e como a empresa pretende viver seu dia a dia em busca da missão.

Essa é uma parte importante da construção.

Mariza Junqueira

Quando estamos num processo, numa equipe ou empresa que já tem definidos os comportamentos esperados dos times, o trabalho já está bem encaminhado. Caso contrário, como foi feito com a "definição dos valores", o *coach* precisará investir um tempo na construção dos comportamentos esperados de todos.

A equipe então dirá quais os dois comportamentos ou competências que, se melhorarem, provocarão maior impacto positivo nela. Sendo assim, trabalhará os mais votados.

O *coach* tem o papel de desconstruir o problema, depois explorar os talentos dessa equipe e o que ela possui de melhor. A partir desse momento, deve averiguar quando ou se em algum momento teve sucesso nas duas competências a serem trabalhadas, utilizando as perguntas poderosas para ver se surge algo a mais. Os compromissos do time virão daqui.

Conforme L. Michael Hall (2017, p. 291), um dos aspectos mais desafiantes ao *coach* que trabalha com a modalidade de equipe é aprender a lidar com as situações que criam tensão e confronto no grupo. Depois, vem a habilidade de facilitar o embate e permitir ao time o cultivo do conflito útil no grupo. O desafio é transformá-lo em aprendizado.

Ainda, segundo Michael Hall, é muito fácil assumir que nós não queremos o conflito no grupo e, então, consistentemente puxarmos a atenção da equipe para fora disso. Uma armadilha ao *coach* pode ser a tendência de evitar o conflito ou imediatamente tentar suavizar os comentários ou atividades. Dessa forma, não haverá a mudança de crenças, entendimentos ou decisões, pois o conflito pode ser tratado como fonte de valor à equipe e ao trabalho.

Costumo reservar um espaço para o *feedback* genuíno entre os membros do time. Este capítulo é altamente libertador para os participantes, estimulando a conversa franca, transparente e acabando com os "mimimis" que atrapalham tanto as organizações. Na oportunidade, todos dão *feedback* para todos como um presente que possibilita a expansão das pessoas e, consequentemente, da equipe.

Continuamos a trabalhar a visão do grupo, construída a partir do olhar compartilhado e comum.

Fechamos com os compromissos da equipe; as ações que todos entendem que alavancarão, energizando o time às realizações necessárias.

Para as sessões de acompanhamento, é importante verificar com a equipe o que deu certo e o que não funcionou. Se necessário, corrigir as rotas, mudar o caminho, lembrando sempre que estamos num processo de aprendizado e é hora de arriscar, de experimentar o que acreditamos que fará diferença, entendendo que, se isso não ocorrer, os compromissos podem mudar. Verificar quais foram os obstáculos para a

Coaching no DNA

equipe, como podem ser superados, refazer a roda de desenvolvimento e os compromissos do time, se necessário.

O resultado final esperado num *coaching* de equipe ou times de trabalho é de que todos os membros desenvolvam o sentido e a percepção clara do real significado de trabalhar para a mesma empresa. De acordo com Manfred F. R. K. de Vries (2014 p. 252.), a capacidade de construir equipes de alta *performance* garante a qualquer organização uma enorme vantagem no mercado. Além disso, o *coaching* de equipe não apenas permite a expansão e o desenvolvimento do desempenho de cada time e integrante, mas também promove o "desenvolvimento autossustentável" das organizações.

E segundo Michael Hall (2017, p. 302), ainda esperamos, no final, uma equipe movida com muita "sinergia" tanto na dimensão pessoal (significado) quanto na dimensão da tarefa (desempenho), passando a funcionar completamente como um time.

A equipe passa a demonstrar altas doses de participação, envolvimento, desenvolvimento de visão, comprometimento, passando a assumir muitas responsabilidades.

Quando transformamos uma equipe de trabalho num time de alta *performance*, construímos um grupo altamente realizador. Dessa forma, passa a desenvolver e apresentar novas competências, comportamentos, aprendizados e também resultados.

O time poderá, então, seguir num aprendizado em conjunto constante e contínuo. O grupo se fortalece cada vez mais e passará a ser uma verdadeira equipe de alta *performance*.

Referências

SENGE, Peter. *A quinta disciplina*. Rio de Janeiro: Editora BestSeller, 2018. pp. 303, 324, 338.

VRIES, Manfred F. R. Kets. *Reflexões sobre grupos e organizações*. São Paulo: DVS, 2014. pp. 59, 184, 251, 252, 253.

HALL, L. Michael, PhD. *Coaching de grupo e equipe: meta-coaching*. Rio de Janeiro: Qualitymark, 2017. pp. 13, 31, 105, 291, 293, 302, 304.

STEFANO, Rhandy Di. *O líder-coach*. Rio de Janeiro: Editora Qualitymark, 2005. p. 124.

Coaching no DNA

Capítulo 19

A importância do desenvolvimento pessoal e profissional nas organizações

"O líder do futuro será uma pessoa que pode conduzir e seguir, ser central e marginal, estar hierarquicamente acima e abaixo, ser individualista e membro da equipe e, acima de tudo, ser um eterno aprendiz." (Edgar Schein)

Marta França

Coaching no DNA

Marta França

Graduada em serviço social; pós-graduada em psicologia organizacional e gestão de pessoas; MBA em gestão empresarial e *professional coach*. Desenvolveu sua carreira na área de recursos humanos com foco no desenvolvimento humano e organizacional. Atua como parceira estratégica do negócio junto a gestores, facilitadora em treinamentos, na condução de grupos e no processo de mobilização voluntária, como educadora na formação técnico profissionalizante de jovens.

Contatos
martaxoliveira@hotmail.com
(11) 99794-0959

Marta França

A o longo da minha carreira, tenho percebido o quanto um profissional pode contribuir no desenvolvimento de outras pessoas, transmitindo conhecimento, enxergando potencial, despertando o melhor de cada um e extraindo resultados inimagináveis.

Os ensinamentos transmitidos são absorvidos quando fazem sentido e agregaram valor ao outro. Essas percepções só acontecem a partir do momento em que eu faço uma autoanálise. Procure sentir, observar e se conhecer.

É importante que você, responsável ou influenciador no desenvolvimento de outras pessoas, seja empático, pois, dessa forma, pensará no processo de desenvolvimento, partindo da visão do aprendiz e não da sua. Esse método pressupõe um trabalho em conjunto.

Quando trazemos esse conceito para dentro das organizações, notamos um grande problema: muitos líderes pensam no desenvolvimento para o outro e não com o outro. Pense "com" o seu liderado ou "com" o seu time.

Um time é composto por diferentes perfis, pois cada um pensa de uma maneira, reage de forma distinta, e com o desenvolvimento correto para cada um, o desempenho pode ser surpreendente.

Você conhece cada membro de sua equipe? Avalie o que sabe sobre os valores, princípios, conhecimentos, *hobbies* e habilidades deles. O ser humano é surpreendente e a saída para uma situação crítica pode vir exatamente da vivência das pessoas que estão ao seu redor. A fortaleza de um grupo pode estar exatamente nesse ponto. Já pensou nisso?

Acredito que esse conhecimento possa ser aplicado em qualquer ambiente, uma vez que estamos falando de educação, respeito e pessoas. A atitude que você demonstra no dia a dia é o que encoraja, concede autonomia ao seu liderado e mostra o seu respeito por ele.

Vivemos em um mundo que exige de cada um de nós um novo *mindset*, uma mente aberta para acompanhar as tendências tecnológicas e suas exigências. VUCA é uma sigla que descreve um ambiente, uma situação ou condições de volatilidade (*volatility*), incerteza (*uncertainty*), complexidade (*complexity*) e ambiguidade (*ambiguity*).

Esse termo surgiu na década de 1990, em um contexto militar,

Coaching no DNA

porém, logo foi adotado também pelos administradores, pois traduz muito bem as características do mundo dos negócios nos dias de hoje e vem influenciando muito a forma de gestão nas empresas.

O ambiente VUCA exige que as organizações atualizem o seu modelo de negócio e, para isso, é imprescindível que os líderes atualizem suas competências para garantir o aprendizado contínuo, rápido, mais eficiente e econômico. Não dá mais para deixar de lado a importância do seu desenvolvimento pessoal, profissional e o de sua equipe!

Estar comprometido com o processo de desenvolvimento do liderado e demonstrar isso torna a relação mais confiável e fortalece elos, provocando empatia. Pense no valor que um profissional bem treinado e capacitado possui. Trata-se da sua visão sobre o valor do capital humano para uma organização. Reflita: como estou tratando o meu liderado? Como o seu liderado está tratando o próprio desenvolvimento?

Um processo de desenvolvimento passa pelas etapas de aprendizagem, direcionamento, monitoramento e valorização. Estimule o conhecimento contínuo em si e no outro, abra caminhos, observe no que você pode contribuir. Cobre evolução, sem medo e com respeito! Algumas pessoas precisam de direcionamento ou estímulos para alavancar um processo de mudança pessoal ou profissional. E você pode ser o condutor desse processo!

O liderado precisa enxergar valor no que está sendo pedido para ser executado. Inicia-se a etapa do monitoramento que poderá ser feita por meio de um plano de ação, reuniões periódicas ou mesmo por avaliações rápidas.

E, por fim, lembre-se sempre da etapa de valorização. Observe o empenho e a dedicação, o quanto a pessoa está presente no processo de desenvolvimento e, enfim, reconheça-o. É hora de elogiar, incentivar e ir além.

Para dar continuidade ao assunto, lembremos que o capital humano de uma organização é o conjunto de conhecimentos, habilidades e atitudes que favorecem a realização do trabalho. São os atributos adquiridos por uma pessoa, por meio da educação e experiência.

E então, já parou para pensar como você está tratando o ativo mais valioso da sua organização? Como está fazendo a gestão do capital humano que está sob a sua responsabilidade?

Está nas mãos do líder identificar e maximizar o potencial de cada membro de sua equipe para que, assim, possam trazer melhores resultados e ganhos para a organização

Quando falamos de pessoas e empresas, passamos, obrigatoriamente, por outros dois pontos: a cultura e o clima organizacional.

Geralmente, as organizações utilizam pesquisas como ferramenta para avaliar vários pontos como: liderança, benefícios, cooperação,

Marta França

planejamento, desenvolvimento de carreira, treinamento, qualidade, segurança, ética e conformidade nas relações, relacionamento, trabalho em equipe, credibilidade, fidelidade e lealdade, reconhecimento e imagem no mercado.

A satisfação dos empregados e a busca contínua por um ambiente de trabalho equilibrado são pontos vitais para garantir a competitividade das organizações. Trabalhar para elevar percentuais de satisfação e engajamento é uma tarefa árdua que exige muito comprometimento e determinação de todo o time envolvido.

O papel da liderança na organização é fundamental no processo de gestão de pessoas. O líder é o responsável por trabalhar todas as etapas da pesquisa de clima com a sua equipe, da construção do plano de ação da área até a implementação e o seu monitoramento.

Segundo Marcia Hasche (2011), é mais fácil para uma empresa que tem um bom ambiente de trabalho alcançar as suas metas e ter melhores resultados financeiros do que as que não estão atentas a isso. As pessoas são o grande diferencial das organizações e, por isso, merecem toda a atenção. Clima organizacional é percepção, portanto, não basta que eu faça o melhor, é preciso que o outro perceba que eu estou fazendo o melhor.

A veracidade da citação é comprovada com o passar dos anos, pois o tema capital humano e conhecimento organizacional têm ocupado lugar de destaque nas literaturas, discussões e congressos de recursos humanos.

Façamos a correlação da manutenção de um bom ambiente de trabalho e satisfação dos funcionários com a importância de um líder próximo e que atua, incessantemente, na gestão de pessoas em paralelo com a gestão de resultados.

É fundamental que o líder se conheça, saiba quais são as suas características, a sua forma de gerir (que tipo de liderança predominante é a sua), as suas dificuldades (quais comportamentos o impedem de ser um líder forte, admirado e respeitado), os valores e princípios que regem o seu comportamento.

Caso necessite de um suporte para esse trabalho, procure o RH de sua empresa. Esse profissional poderá auxiliá-lo a mapear suas necessidades e auxiliar na elaboração de um plano de ação que o leve aonde almeja.

E se as ações esbarrarem no seu desenvolvimento pessoal ou profissional, procure um *coach*. Esse profissional poderá auxiliá-lo a desenhar o caminho até o alcance de sua meta.

O processo de *coaching* também auxilia no processo de avaliação de sua equipe (perfil requerido de cada um *versus* o que a empresa necessita), por meio de ferramentas específicas e, assim, desenhar um plano de desenvolvimento. Tudo de forma integrada.

Coaching no DNA

Você já se perguntou qual é o perfil esperado do líder da empresa em que trabalha? Identificar e aceitar os resultados dessas ferramentas é o passo inicial para evoluir.

A descoberta das suas habilidades e daquilo que falta para ser um líder admirado, respeitado e seguido pela equipe fará com que você comece a desenhar o seu próprio perfil: qual líder eu quero ser?

Os resultados de um bom líder podem ser refletidos pelos de sua equipe. E para que eles sejam positivos, é necessário que essa equipe esteja engajada, motivada e com as devidas habilidades comportamentais e técnicas para as atividades a serem desempenhadas. Então, como está a sua equipe?

Há situações em que você saberá auxiliar, pois está na sua área de domínio (planejar uma ação, prover recursos), mas, às vezes, não poderá ajudar diretamente – porém será o agente que identificou o problema e o transferiu para um profissional habilitado a lidar com a situação. Dessa forma, você, sem perceber, atuou de forma cooperativa. Elevar a sua equipe a um grau de alto desempenho e engajamento exige persistência e autoconhecimento.

A atualização nos aspectos técnicos sempre foi algo natural para qualquer profissional, mas a necessidade de desenvolvimento comportamental contínuo sempre ficou para um segundo plano. O autoconhecimento, a capacidade de entender e motivar as pessoas, o reconhecimento das emoções e o equilíbrio serão as qualidades mais valorizadas em um líder.

Um verdadeiro líder não descansa enquanto toda a sua equipe não estiver dando o seu máximo, com alegria e paixão. Faço um convite para que observe se você e sua equipe estão felizes. Caso não estejam, há algo que possa fazer para que isso aconteça?

O líder deve entender que pode controlar as suas emoções e, com isso, gerenciar a própria motivação e a dos que estão a sua volta. Ele é um espelho. E o time é o reflexo do líder. O que você está refletindo? Veja se aquela pessoa diante do espelho é quem gostaria de ser e se é o tipo de pessoa que se respeita e se valoriza, para assim praticar isso com os que estão a sua volta.

Uma abordagem positiva pode mostrar que algo pode melhorar e o caminho não precisa ser de sofrimento. A busca de uma visão de futuro melhor tem que ser contraposta com a análise do momento presente que permita o levantamento da distância a ser percorrida, as medidas necessárias e o esforço a ser despendido.

Um quadro preciso da realidade atual é tão importante quanto um entusiasmante quadro de um futuro que se deseja (SENGE, 2013). É exatamente essa tensão que move as pessoas para um processo de mudança.

Marta França

Se você espera que o capital humano da sua organização seja capacitado, valorizado, sinta prazer, orgulho de sua organização e traga mais valor agregado aos negócios, comece fazendo mudanças em si.

Todos os momentos de transformação política, social e econômica, que estamos vivendo nas organizações, exigem mudanças no nosso modo de pensar e agir. Não têm volta. É preciso aceitar as transformações e agir de forma diferente.

Busque entender o que está acontecendo ao seu redor e o que você precisa fazer para acompanhá-lo. Jogue-se no novo!

Para iniciar esse processo de mudança, deixo alguns exercícios que poderão auxiliá-lo em suas reflexões.

1. Faça uma autoanálise: identifique comportamentos e atitudes negativas que arruínam a sua atuação como um líder.

Comportamento	Frequência	Emoção	Consequência	Ação proposta

2. Observe o perfil do seu grupo: é muito importante que, após o exercício, você aproveite para dar *feedback* ao liderado.

Nome	Perfil comportamental	Características	Habilidades	Observando o potencial dele, o que mais pode ser desenvolvido?

Coaching no DNA

3. Elabore o seu plano de desenvolvimento.

Comportamento atual	Comportamento esperado	O que farei para contornar essa falha?	De que forma?	Prazo	O que pode impedir a mudança?

4. Analise o clima organizacional da sua área:

Reflexões	Resultado da análise
Qual a percepção da equipe quanto à motivação com o trabalho e com a organização?	
Qual o meu grau de cooperação com eles?	
Analise o resultado da pesquisa de clima de sua empresa e, em conjunto com sua equipe, construa ações simples, de realização imediata.	
Defina uma meta numérica com o grupo a ser atingida.	

Referências

CERQUEIRA, Wilson. *Liderança empreendedora: coaching – tornar-se pessoa/ tornar-se educador*, 2011.

FRANÇA, Sulivan. *Leader coach*. Editora França, 2011.

HASCHE, Marcia. *Clima sem rodeios*. Editora Sinergia, 2011. p.140.

SENGE, Peter. *A quinta disciplina*. BestSeller, 1990.

Coaching no DNA

Capítulo 20

Trabalho com propósito

Enxergar significado no próprio trabalho é a chave para uma vida plena e feliz. Porém, a maioria das pessoas passa a vida ligada no automático, apenas trabalhando em troca de dinheiro, desvinculada de seus talentos, valores e missão de vida. Para viver um trabalho com propósito será necessário um olhar mais profundo para dentro de si, conectando-se com sua essência. As respostas estão todas dentro de você.

Nivia Maria Raymundo

Coaching no DNA

Nivia Maria Raymundo

Psicóloga formada pela Universidade São Judas Tadeu com especialização Reichiana e Bioenergética. Realiza *coaching* executivo de Carreira e de Vida com formação pelo Integrated Coaching Institute (ICI) e Sociedade Brasileira de Coaching. Formação em Programação Neurolinguística pela Sociedade Brasileira de Neurolinguística. Seminário Internacional com Anthony Robbins em Chicago (*Unleash the Power Whitin*). Especialização pela FGV – Dinâmica Organizacional, Motivação e Liderança. Mais de 20 anos de experiência em desenvolvimento humano, oriundos de empresas multinacionais de grande porte. Palestrante e *trainer* em Inteligência Emocional. Psicoterapeuta de adolescentes, adultos e casais.

Contatos
www.niviamariaray.com
contato@niviamariaray.com
(11) 99914-7992

Nivia Maria Raymundo

Afinal de contas, para que serve o trabalho?

Cresci ouvindo meu pai dizer várias frases em relação ao trabalho e ao dinheiro. Sabe aquelas conversas que ficam ecoando eternamente na nossa cabeça? Meu pai saía muito cedo para trabalhar e na maioria das vezes chegava estressado por causa das brigas com seu chefe. Cumpria bem seu papel de provedor da família, porém não tinha tempo suficiente para ficar com os filhos. Lembro-me de que eu não conseguia dormir antes que ele chegasse. Fingia que estava dormindo, mas na verdade eu queria ouvir o barulho do portão. Na maioria das vezes, eu adormecia antes dele chegar e, no dia seguinte, quando eu acordava, ele já havia partido novamente. Ele sempre dizia que não aguentava mais a pressão do trabalho e que não via a hora de se aposentar.

Apesar de trabalhar muito, meu pai não conseguia proporcionar o conforto que merecíamos. O estresse vivia constantemente com ele. Minha mãe, por sua vez, cuidava da casa e dos filhos e estava sempre se sentindo desvalorizada. Ela havia abandonado seu trabalho ainda jovem, quando se casou com meu pai. Naquela época as coisas eram assim...

Ouvia diversas frases em relação ao dinheiro: "não dá em árvore", "tem que trabalhar duro nessa vida se quiser ser alguém", "pobre não tem vez". Essas várias frases criariam crenças limitantes em minha memória, me impedindo de ter sucesso e uma relação saudável com minha escolha profissional. Escolhi a psicologia porque tenho certeza de que recebi um chamado e tive condições de ouvi-lo. Meu pai, além de odiar minha opção, também me proibiu de fazê-la. Lembro-me como se fosse hoje, quando ele dizia que eu seria pobre porque psicólogo não ganhava dinheiro. Ele queria que eu fosse uma advogada ou então que trabalhasse com computador. Mas menti para meu pai e fiz o vestibular, dizendo que havia me inscrito para Direito, mas que não havia passado na prova.

Lutei contra as crenças do meu pai e desde jovem segui meu coração. Sim, apenas o coração e a intuição, porque não sabia ainda quem eu era e nem qual seria meu propósito. Eu apenas queria fazer a diferença na vida das pessoas. Sempre acreditei que tivesse um

Coaching no DNA

legado e que eu viveria por um propósito maior. O mesmo que me chamou e me trouxe até aqui!

De acordo com Seligman, precursor da Psicologia Positiva, ter um propósito é pertencer e servir a algo que você acredita ser maior que você. Hoje olho para traz e agradeço ter seguido meu coração. Nem todos tiveram a mesma sorte. Milhares de pessoas chegam à meia-idade com crises existenciais, pois não puderam escolher o caminho que desejavam ou simplesmente porque não se conectaram com esse desejo. Uma pesquisa da Seguradora Allianz com 2000 americanos mostra que as pessoas se dedicam a pensar no próprio legado em média aos 65 anos, fase em que há menos tempo para mudar o rumo da vida. Sentem-se infelizes por terem construído um caminho que na verdade não fora sua escolha. Muitas vezes ganham dinheiro, conquistam bens materiais, mas não estão felizes. Uma parcela dessas pessoas que não se sente feliz continuará assim, porque acredita que trabalho é isso, ganhar dinheiro para suas necessidades. A outra parcela se conecta com sua essência, entra em crise, ouve um chamado, percebe que está no lugar errado, mas não sabe para onde ir. Essas pessoas procuram profissionais como eu, psicólogos e *coaches*.

Toda vez que recebo um cliente com essa "crise existencial profissional" eu digo: graças a Deus você foi presenteado com a crise. Normalmente arregala os olhos e pensa que estou louca. Prossigo em dizer que ele está lá porque ouviu seu chamado e precisa se conectar com a sua essência.

A crise nos dá a oportunidade de nos conectarmos com nossa essência. Mas ela também traz um segundo conflito que surge da pergunta "para onde devo ir?". A crise aponta que não podemos mais ficar onde estamos, mas a agonia chega por não saber para onde ir.

Diversas pesquisas mostram que poucos têm a sorte de aplicar uma paixão pessoal ao trabalho remunerado. Cerca de 80% das pessoas não sabem qual é sua paixão ou têm mais de uma e não sabe qual escolher. Meu legado inicia no momento em que sou chamada para ajudar os outros a trilharem sua jornada de autoconhecimento. É um caminho lindo, no qual a pessoa tem a oportunidade de se conhecer na essência, com profundidade, carinho e respeito, indo ao encontro de seu propósito de vida.

É incrível como a inofensiva pergunta "quem sou eu?" pode causar tanta angústia. Quando inicio o processo e pergunto "quem é você?", a sala é invadida por um grande silêncio e logo surge uma expressão de pavor e espanto. O corpo não para na cadeira, a voz gagueja, a pessoa sente-se envergonhada, sem jeito. Às vezes saem algumas palavras sem nexo, mas é depois de alguns minutos que a resposta "não sei" aparece. Sempre olho para meu paciente, sorrio, pego em sua mão e digo que está tudo certo, por isso ele está ali. Juntos embarcamos na busca de respostas que estão dentro dele. Eu trago as perguntas e com sensibilidade o ajudo a se olhar no espelho e encontrar a pessoa mais importante da sua vida. Digo que não se espante e nem se acanhe por não saber quem é, já que a maioria realmente não sabe.

As pessoas só terão um trabalho conectado com sua essência quando descobrirem seu verdadeiro eu. Essa descoberta passará por questões envolvendo suas fortalezas, suas limitações, seus valores de vida e, por fim, sua missão e propósito.

Vou compartilhar com você algumas das formas que utilizo para ajudar meus clientes nessa jornada de encontro consigo mesmo. Dividi em três grandes pilares:

1. Talentos e limitações;
2. Valores;
3. Missão e propósito.

Primeiro pilar: talentos e limitações

Para essa primeira descoberta, o convido a refletir e responder às seguintes perguntas:

- O que eu faço de melhor?
- O que eu faço de diferente que ninguém faz?
- Como as pessoas me percebem?
- Quando estou em meu melhor momento no trabalho, fazendo algo que me deixa muito motivado, o qual eu faço sem nenhum esforço, o que é isso que estou fazendo? Quais habilidades uma pessoa precisa para fazer isso que eu faço?
- Quando estou em meu pior momento no trabalho, fazendo algo que me deixa desmotivado, o qual eu faço com muito esforço, o que é isso que estou fazendo?

Depois dessa reflexão, você pode fazer outro exercício: escolha algumas pessoas do seu círculo de amizades, do trabalho, próximos e não tão próximos e peça um *feedback* real e verdadeiro, contendo seus talentos e pontos de melhoria. Com a lista de sua autoanálise em mãos e o resultado da análise das pessoas, identifique três talentos e três pontos que você precisa desenvolver. Olhe para seus talentos e responda: estou usando meus talentos na potência máxima? Numa escala de 0 a 10, quanto dos meus talentos estou realmente utilizando para ter sucesso? Se sua resposta for acima de 8 está excelente, continue.

Coaching no DNA

Se não for, você precisa criar urgentemente um plano de ação para que, a partir de agora, possa ser quem é. Você precisa tirar esse tesouro escondido dentro de si para atingir todos os seus objetivos. Você é apenas um diamante bruto que precisa ser lapidado.

Por exemplo, se tem como talento a habilidade de comunicação, e sua nota foi baixa, pense em como poderia usá-la mais. Aumentar a sua rede de contatos (*networking*), dar palestras e conversar com as pessoas podem ser algumas opções. Desenferruje! Quanto aos pontos que precisa aprimorar, crie uma estratégia de desenvolvimento. Isso não ocorrerá da noite para o dia. O desenvolvimento de competências é como um músculo que precisa crescer. Você vai no primeiro dia à academia e começa com uma carga leve, até que vai aumentando. Os nossos comportamentos funcionam da mesma forma. Você poderá exercitá-los se expondo a situações nas quais poderá desenvolvê-los, mas comece pelos mais fáceis. Pegando o mesmo exemplo, se precisa melhorar sua habilidade de comunicação e o seu objetivo no topo é dar palestras, comece fazendo reuniões com pequenos grupos, depois vá aumentando aos poucos. Dessa forma, sua autoconfiança vai aumentando.

Segundo pilar: valores

De repente você começa a não suportar mais o seu trabalho; o domingo já vira aquele martírio, os dias da semana começam a ser contados para a chegada da sexta-feira e das férias. Você não sabe ao certo o que está acontecendo, apenas uma sensação de não pertencimento, de angústia, de que está no lugar errado, que está perdendo seu tempo. Muitas pessoas nesse momento chegam a entrar em estado depressivo ou até desenvolver síndromes de ansiedade por não suportarem mais seus trabalhos.

Eu passei por isso há 15 anos, quando ainda trabalhava no mundo corporativo, numa excelente empresa, com o cargo que eu gostaria. Comecei a não ver sentido naquilo que eu fazia, chorava todas as manhãs e não conseguia trabalhar. Quando fiz minha primeira formação em *coaching*, descobri que o que estava acontecendo comigo era um conflito de valores. Não havia nada de errado com a empresa, mas eu estava no lugar errado, fazendo a coisa errada. Foi então que, ao descobrir quais eram meus valores, tomei a decisão para onde ir. Naquele momento eu sabia meus motivadores.

Então eu lhe pergunto: o que o move na vida? O que o faz acordar todos os dias com aquela sensação maravilhosa de que a vida vale a pena? Quais seus combustíveis na vida? Faça uma lista, sem muita preocupação. Apenas escreva o que lhe vier à cabeça. Depois, faça

Nivia Maria Raymundo

uma lista de dez atividades que você ama fazer, mas ama de paixão. Podem ser de todas as áreas da vida, desde "amo pular de paraquedas" até "amo ensinar as pessoas". Em seguida, para cada uma dessas descobertas, responda o motivo de elas serem importantes para você e qual sensação você tem ao realizá-las. Grife as principais sensações, como liberdade, paz, desafio, família.

Uma outra forma de complementar essa descoberta é pensar nas maiores decisões que você tomou na sua vida. Pode ser, por exemplo, mudança de emprego, uma promoção, mudança de país ou até questões pessoais como casamento, divórcio. Escreva os motivos que o fizeram tomar essas decisões, mais especificamente as sensações que você queria sentir. Sei que não é uma tarefa muito fácil de se fazer sozinho, porém posso ajudá-lo a entender o que são esses valores que fizeram com que você tomasse essas decisões. Quando não sabemos quais valores nos movem, saímos pela vida batendo cabeça. Nossos valores são nossos combustíveis de vida, nossa bússola. Eles nos guiam para onde devemos ir para ter alegria e plenitude.

Ao descobrir seus valores, será capaz de entender por que está insatisfeito em seu trabalho atual e de saber para onde precisa ir, sem sair atirando para todos os lados de forma errada. Você será capaz de decidir com confiança, porque saberá a sensação que precisa buscar a fim de sentir-se motivado na vida. Entender quais valores o movem lhe dará uma sensação de poder e liberdade para escolher a vida que almeja ter, conectada com seus desejos. Você será capaz de decidir qual área de trabalho irá lhe proporcionar essas conexões.

Para completarmos esse tripé, vamos ao terceiro pilar.

Terceiro pilar: missão e propósito

Convido-o a mergulhar um pouco mais profundo em sua existência. Por que você acorda todos os dias? Qual história de sua vida você quer contar para as pessoas daqui a 5, 10, 15 anos, até quando estiver velhinho(a)? No dia em que partir dessa existência, o que quer que as pessoas falem de você? Qual legado deixará? Por que sentirão falta de você? Com essas reflexões, crie uma frase que seja inspiradora, aquela que lhe dará motivos para seguir ao acordar todos os dias, mesmo frente aos desafios da vida. Agora que você já sabe quais seus talentos, seus tesouros internos, já criou um plano de ação para usá-los na potência máxima, já sabe em quais pontos precisa melhorar e também tem uma estratégia para desenvolvê-los, conhece seus principais valores e sua missão de vida, você encontrou seu propósito! Quero que olhe para tudo isso e responda: o trabalho que eu tenho hoje faz sentido com essa pessoa que eu sou? A vida que tenho hoje fui eu quem escolhi? O que

Coaching no DNA

posso fazer daqui para frente para ser fiel a quem eu sou? Tenho a oportunidade de usar meus potenciais, estou sendo fiel aos meus valores, estou vivendo minha missão? Estou cumprindo meu propósito de vida?

Se a resposta for não, você precisa descobrir para onde deseja ir, mas já tem seu mapa, sua mina de ouro, seu autoconhecimento. Trace uma lista de possibilidades que englobem esse tripé. Você será capaz de viver seu trabalho com propósito, com conexão. Essa é a maravilha da vida, poder viver conectado com sua essência, vivendo de um trabalho que ama e que certamente lhe trará muito sucesso.

Se quer felicidade duradoura e não apenas momentânea, encontre seu propósito, é o que diz Martin Seligman. Os japoneses usam o termo *ikigai*, que significa "razão de viver, motivo que faz as pessoas acordarem todos os dias". E como eu já disse, para descobri-lo é preciso compreender a interseção entre todos os pilares, sua vocação, paixão em fazer o que ama, missão e atender o que o mundo precisa, sendo pago para isso. Essa é a verdadeira conexão, esse é o verdadeiro trabalho com propósito. Descubra o seu e tenha uma vida mais conectada, verdadeira e plena.

Referência

SCHERER, Aline. *A força do propósito*. Revista Exame, São Paulo, ed. 1.184, ano 53, n. 8, maio 2019.

Coaching no DNA

Capítulo 21

Sou protagonista, e você?

Neste artigo, você conhecerá um pouco da minha história e de como me livrei de situações que me faziam mal, para assumir o papel de protagonista da minha vida. Além disso, aprenderá técnicas que o ajudarão na sua caminhada rumo às mudanças necessárias e escolhas mais assertivas.

Renata Maria Dias Andrade

Coaching no DNA

Renata Maria Dias Andrade

Psicóloga; pós-graduada em gestão de pessoas; *professional coach* – SLAC – Belo Horizonte. Profissional de RH há 18 anos, atua nos segmentos de saúde, banco, educação, telecomunicações, indústria e consultoria interna. Generalista com foco no desenvolvimento e capacitação interna, atualmente *business partner* no Grupo Oncoclínicas.

Contatos
renatamda22@gmail.com
coachrenataandrade@gmail.com
Instagram: coachrenataandrade
(31) 99476-5128

Renata Maria Dias Andrade

Por muitos anos, deixei a vida me levar, fui seguindo o fluxo dos acontecimentos, sem pensar e sem refletir sobre o que de fato fazia sentido para mim. Aos poucos fui me conhecendo e entendendo que, ou eu colocava um basta naquilo que me incomodava, ou o incômodo permaneceria. Apenas eu tinha o "poder" de sair de uma situação que me fazia mal e causava sofrimento, a tão conhecida zona de conforto que, embora não acrescente nada, "conforta" e impede as mudanças necessárias.

Após muita terapia, muitas leituras, anotações e muito choro, consegui falar o "primeiro não verdadeiro para alguém", que foi um grande sim para mim, um grande passo para o meu entendimento e a minha busca pelo sentido da vida. A partir daí me fortaleci e muitas conquistas vieram. Entre as maiores conquistas, alcancei uma relação a dois, tudo aquilo que buscava com os predicados do que me faz bem, e nela estou até hoje, feliz e repleta de conquistas, sonhos realizados, muito respeito, admiração mútua e amor. Isso só foi possível porque entendi o que buscava.

Por meio das trilhas do essencial autoconhecimento, que sabemos não ter fim, estaremos buscando sempre. Após o primeiro não, os demais ficaram um pouco mais fáceis, e a vontade de me conhecer só foi aumentando. À medida que nos conhecemos, passamos a traçar nossos objetivos, alcançamos as nossas metas e assim nos fortalecemos.

Naquele momento, queria de fato me entender como pessoa e como profissional, foi aí que me abri para o mercado e as oportunidades surgiram. Há oito anos e meio na mesma organização, recebi convite para minha primeira oportunidade de gestão em outra empresa. Claro, senti medo do novo, mesmo assim pedi demissão e encarei a nova chance, sem entender muito bem o que aconteceria, me permiti testar, e lá fui feliz ao longo de três anos.

Não me arrependi daquela decisão, pois conheci pessoas maravilhosas, viajei muito a trabalho, conheci novas culturas, abracei desafios que, até então, não imaginava aceitar, fiz parte de grandes equipes e, juntos, alcançamos grandes resultados. Transformei vidas, me orgulhei de conquistas e fui muito mais feliz profissionalmente do que havia sido até então. Cresci como pessoa e como profissional.

Se eu não tivesse aceitado, quantas oportunidades não teria

Coaching no DNA

vivido, quantas experiências teria perdido, quanto conhecimento ficaria de lado. Mas isso só foi possível porque tive coragem, me abri para o novo e enfrentei meus medos. O bom da história é que vem muito mais por aí. Continue acompanhando a minha construção do protagonismo, pois a intenção aqui é que sirva de inspiração a você.

Aí veio a maternidade, a nossa tão sonhada Júlia chegou. E foi outro susto, sim me assustei muito, pois percebi que não estava pronta como imaginava. O amor incondicional veio com força total, assim a "executiva" entrou num casulo, dando oportunidade para algo totalmente novo, ser mãe. Só que, outra vez, senti a possibilidade de o medo me dominar, percebia a falta de controle que a maternidade trazia e isso me abalava, assim dei um passo atrás na carreira, muito consciente do que queria para aquele momento da minha vida.

Entendi o que estava acontecendo comigo, o meu novo papel e as responsabilidades decorrentes, pois ser mãe é enriquecedor, mas requer um grau de compreensão de si e da vida, muito maior do que havia experimentado e imaginado. Compreendi que a minha prioridade era ter tempo para que eu e a minha filha nos conhecêssemos, e foi uma sábia decisão. Por quase um ano vivi a incerta carreira como autônoma, ganhava, financeiramente, um terço do que recebia como "executiva", mas foi gratificante constatar que pagava as minhas contas do mesmo jeito.

Com amor, e investindo no que de fato vale a pena, o dinheiro multiplica. Então, dei mais um importante passo, após muita reflexão, decidi seguir minha carreira de forma a me permitir acompanhar o crescimento da minha filha, planejar a vida profissional em função do crescimento e do desenvolvimento da Júlia.

Estava identificando o meu propósito de vida, e assim foi feito, escolhi, naquele momento, o que fazia sentido para mim, como se possível fosse, e na prática foi assumir as rédeas dos passos seguintes, tendo como norte o privilégio de ser mãe. Defini metas, e viajar a trabalho estava fora de cogitação, o meu coração não aguentava e, ao perguntar para minha alma, ela dizia não, e eu respeitei.

Até hoje questiono se volto para uma oportunidade que tenha como desafio as viagens. Entendo que não vale a pena exercer a maternidade como me proponho, conciliando com períodos longe de casa, mas também que essa é uma questão muito pessoal, e apoio quem a faz e se sente tranquila e em conexão com a sua essência. Fui honesta e coerente com a minha verdade e abri mão daquilo que já não tinha tanto significado para mim. Quanto ao fortalecimento da família, esse sim é o meu propósito maior, o meu norte, o meu valor mais forte que me traz paz.

Após percorrer a carreira como autônoma, surgiu uma oportunidade para assumir um cargo menos estratégico do que o de

Renata Maria Dias Andrade

outrora, mas, naquele momento, isso fazia sentido, afinal não precisaria viajar, teria um horário de trabalho que não extrapolava a minha meta diária, benefícios interessantes. Assim ponderando, aceitei.

Como esperado, conheci novos profissionais, adquiri novos e interessantes conhecimentos, ampliei o meu *networking*, fiz poucos e bons amigos que levarei comigo onde quer que esteja. Decepções, sim, algumas com profissionais que julgava mais evoluídos, afinal, ninguém é perfeito; gratidão por tê-los conhecido, eles reforçaram o meu sentido e a minha caminhada.

Percebi, ao longo dessa nova experiência profissional, que a ética é condição primária ao meu trabalho, o respeito pelo próximo, uma condição de vida e a missão de desenvolver e capacitar o outro. De novo reforcei os meus valores, me conhecendo melhor. Coloquei-me como protagonista da minha vida e, finalmente, adquiri consciência do quão importante seria sair da zona de conforto, consequentemente, cresci mais um pouquinho como pessoa e como profissional.

Hoje, me encontro em um novo desafio, mais robusto novamente, e neste momento, me sinto feliz. A escolha diária está fazendo sentido, e sabe o que eu percebo? Quem conduz a nossa vida somos nós. Todos os dias, recebo mensagens de pessoas infelizes, seja na área profissional, pessoal, que vivem pedindo ajuda, reclamando da vida e não saem do lugar.

Sempre escuto: "Ah, mas você está muito bem, né? Cresceu, evoluiu, está feliz, realizada com suas conquistas, alcança suas metas facilmente". Já ouvi isso várias vezes, como se toda essa trajetória que eu descrevi tivesse sido fácil, não exigisse de mim tanta determinação, foco, noites em claro, madrugadas de trabalho e muita análise. Além disso, estou aberta, atenta ao meu sentido de vida. Nessa trajetória, me diverti, porque, para mim, a vida precisa de leveza.

O que sempre ressalto a todos que me procuram é que não foi fácil, não tem sido fácil, e não será fácil, chorei várias vezes, sofri, fiz muita terapia, me arrisquei no novo, me expus em situações novas, me deparei com meus valores, minha missão, fiz escolhas, coloquei no papel o que desejava em cada momento, me exercitei de fato em todas elas.

Sempre pergunto, para quem me procura, "o que você tem feito para mudar essa situação que está vivendo e reclamando?", porque eu sempre faço algo para me afastar do que me incomoda, sejam pessoas ou lugares. Tenho certo para mim o que é ético, o que é correto e, nessa linha de raciocínio, eu sigo a minha caminhada. Alguns ficam com raiva, mas é sério! Somos os responsáveis e protagonistas da nossa história, precisamos nos conhecer a fundo, entender as nossas vontades, a nossa missão nesta vida e qual legado queremos deixar.

Com base nas reflexões anteriores, fiz a minha formação em *coaching*,

Coaching no DNA

que foi uma conexão muito forte com a minha essência. Nesses estudos, acessei os meus valores e entendi o meu propósito de vida, tudo isso com esforço, estudo e dedicação. Há um ano tenho me permitido ouvir a minha intuição, tenho estado atenta aos sinais do universo e me conectado com pessoas muito especiais. Estou construindo o meu projeto de vida, acredito que todos os dias vários fatos acontecem nas nossas vidas, mas a realidade é que precisamos continuar e seguir "daqui por diante".

Este projeto nasceu da percepção de que, ao me fortalecer e me conhecer, consigo enfrentar mudanças com maior serenidade, gratidão e protagonismo. Todos os dias alguém termina um relacionamento, perde um ente querido, é demitido do seu trabalho, aposenta, ou seja, a vida muda numa constante em que cada vez mais precisamos estar atentos e conectados com a nossa essência, para que de fato saibamos sair das situações inesperadas, fortalecidos e, realizando escolhas mais assertivas a partir desses fatos. Se falhamos em alguma escolha, ao conhecermos o que nos move, as próximas serão assertivas e assim por diante.

Acredito que quando nos colocamos como protagonistas da nossa história e tomamos a rédea das situações que acontecem conosco, as novas escolhas se tornam mais assertivas e perenes. O objetivo deste projeto é criar multiplicadores de amor que, ao passarem por pessoas em um momento difícil, apoiem cada uma com carinho e multipliquem a corrente do bem que aprenderam no "daqui por diante". Se esse objetivo for cumprido, já estarei realizada.

Não subestime a sua sensibilidade e a sua intuição, elas também estão sempre apoiando suas decisões. Ouça o seu coração, ele o direciona para onde o sentido da sua vida está. Na dúvida, pergunte a sua alma, ela saberá o que responder, apenas esteja aberto para ouvir o que o seu eu interior quer falar.

Entenda quais são os seus valores e, a partir de então, trace objetivos e metas, não permita que ninguém além de você decida a sua caminhada. Ela é sua e, apesar das dores e dos tropeços, existem muitas vitórias e motivos diários para agradecer. A vida é uma trajetória maravilhosa a ser construída e vivida dia após dia.

Seja o protagonista da sua história, garanto que valerá a pena cada escolha que fizer de forma consciente. Lembre-se, é importante nos conectarmos com a nossa essência, para que estejamos seguros em fazer novas escolhas. Agora, conhecendo a minha história, pergunto: como você gostaria de caminhar daqui por diante?

Acesse os seus sonhos e crie a sua realidade. Aprendi, nessa trajetória, que somos seres divinos vivendo uma vida humana, então não há razão para temer, mas, sim, muita felicidade para vivenciar.

Com carinho, Renata Andrade.

Coaching no DNA

Capítulo 22

Coaching empresarial: a construção da alta performance

Este artigo visa estimular uma reflexão sobre o *coaching* empresarial, sinalizando os principais pontos de atenção a serem observados em sua aplicação. De forma prática, é apresentado o passo a passo de um caso de sucesso, que leva o leitor a conhecer a metodologia e as ferramentas utilizadas na construção da alta *performance* e no alcance de resultados surpreendentes.

Renata de Araujo Santana

Coaching no DNA

Renata de Araujo Santana

Psicóloga, pós-graduada em Gestão de Negócios (FDC) e Gestão da Qualidade (CEFET-MG). Possui certificação internacional em *Coaching* e no Programa de Desenvolvimento de Dirigentes (FDC). Há quase 20 anos, vem liderando times nas áreas de Gestão de Pessoas e Cultura. Vivência na aplicação de metodologias de alta *performance* em vendas e operações, atua na assessoria à direção em tomadas de decisão e tem sólida experiência na condução de processos de *coaching* de carreira e mentoria.

Contatos
renadearaujo@gmail.com
LinkedIn: https://bit.ly/2P8Pmdj
(31) 98809-1639

Renata de Araujo Santana

Seja bem-vindo(a) à jornada da construção da alta *performance* de times organizacionais! Esta construção partiu de alguns aspectos que trouxeram características bastante peculiares ao trabalho:

1º. O processo foi realizado por um profissional interno da empresa.

2º. A aplicação da metodologia e de ferramentas de alta *performance* foi realizada em um time de logística.

Para começar, precisávamos ter muito bem alinhado o entendimento do significado de alta *performance*. Havia um objetivo mensurável a ser atingido: a melhoria da *performance* logística, ponto-chave para o negócio.

Entretanto, foi essencial primeiro estabelecer como chegaríamos a esse resultado para, então, definir a metodologia. Existiam alguns indícios apontados por nossos clientes:

- "Despertar o melhor nas pessoas";
- "Utilizar um processo motivador, prático e alinhado aos nossos valores";
- "Fazer um movimento que despertasse o brilho nos olhos dos envolvidos".

Com os parâmetros definidos, identificamos a metodologia e as ferramentas que nos levariam a atingir o resultado proposto.

Optamos pela metodologia de *coaching* baseada nos conceitos do *Inner Game*, de Timothy Gallwey, que busca aumentar o desempenho individual e de times a partir da experiência, criando ambientes de aprendizagem e atuando na diminuição dos dois tipos de interferências:

- internas (crenças, prejulgamentos, autoconfiança e outros);
- externas (símbolos da cultura organizacional, liderança, processos, entre outros).

Feito isso, deixamos claro para a equipe nosso entendimento de alta *performance*: a capacidade de ir além, de entregar acima do esperado, sejam metas ou objetivos.

Estabelecemos que uma equipe de alta *performance* é aquela que demonstra competência e destacado grau de comprometimento com os resultados e valores organizacionais, que já estavam

Coaching no DNA

traduzidos como comportamentos esperados. Esse grupo é formado por pessoas realmente alinhadas, que têm em comum valores, visão, objetivos, além de uma disposição ímpar ao engajamento e preparo para a entrega de resultados diferenciados.

Necessidade do negócio

O gatilho foi a necessidade de construir no negócio times de alto desempenho e atingir números de *performance*, logística e produtividade previstos no orçamento, a fim de produzir resultados de nosso planejamento estratégico.

O maior desafio foi identificado na fase de diagnóstico: uma experiência malsucedida realizada anteriormente com um fornecedor terceirizado. O cliente então instigou:

— As pessoas terão resistência ao trabalho realizado externamente. É possível realizarmos o trabalho com nossa equipe interna?

— Por quê? – perguntei.

— Vocês entendem nossa necessidade, nosso contexto, nossa limitação de tempo e o que realmente é importante para nós. O risco de insucesso será menor, uma vez que, dois anos atrás, tivemos um trabalho que demandou muito tempo da equipe e não gerou resultado – respondeu o cliente.

Ele estava coberto de razão. E não era "achismo", era aprendizado com a experiência anterior.

Assumi essa solicitação como uma missão. Afinal, missão dada é missão cumprida! Entendi a demanda, desenhei o modelo e considerei que a metodologia ideal seria o *coaching*, que permitia alimentar o processo de conteúdo na dose certa, para tirar a metodologia do campo teórico e aplicá-la na prática, com atividades entre as sessões.

Entretanto, tínhamos um problema: havia a resistência da equipe a um fornecedor externo; ao mesmo tempo, internamente, a única pessoa com a qualificação necessária, certificação e experiência para conduzir esse trabalho era eu, que ocupava cargo de gestão e era ligada diretamente ao CEO.

Logo me veio à mente: quais as chances de dar certo? Será que terei a isenção necessária? As pessoas conseguirão construir a relação de confiança necessária?

Inner Game

Durante esse processo, recordei de uma palestra que assisti de Timothy Gallwey, em Belo Horizonte (MG), sobre a metodologia do *Inner Game*:

Alta *performance* = potencial - interferência, que pode ser interna e/ou externa.

Renata de Araujo Santana

Será que minhas interferências internas de resistência em fazer o trabalho não bloquearão minha alta *performance* e o processo de alta *performance* de outras pessoas?

A partir desse questionamento, lembrando vivamente da imagem da simulação do jogo do tênis apresentada por Gallwey no palco, me livrei dessas crenças limitantes.

Comecei a desenhar as etapas: planejar, entender o contexto, trazer a experiência de aprendizagem adequada para esse momento, entendendo que, como na prática do tênis, é necessário desenvolver a musculatura, gerar um ambiente propício e prazeroso para a assimilação do conteúdo.

Definidos a metodologia e o embasamento teórico, hora de determinar quais seriam os pilares da alta *performance*, respeitando contexto e pessoas.

Resolvemos dividir em dois momentos, com a mensuração de resultados, sendo eles:

- Primeiro: duração de quatro meses, ou seja, oito sessões de *coaching* em equipe, com tempo médio de três horas.

- Segundo: oito sessões, com tópicos identificados e que representavam interferências, interna ou externa, da alta *performance*.

Construção da jornada

Qual é o nosso público?

- Líderes da área de logística.

1º Ciclo

- Objetivo: aumentar a *performance* logística de entrega da empresa.

Você deve estar pensando: mas esse não é um objetivo do negócio? E a minha resposta é "sim".

Para a área de gestão de pessoas ser realmente estratégica, ela deve conseguir atuar diretamente nas alavancas do negócio. Portanto, é uma alavanca bem significativa para o segmento comercial, cuja cadeia de valor inicia na compra e termina na entrega da mercadoria para o cliente.

E como vou assegurar esse resultado?

Por meio das pessoas, afinal está aí um ótimo desafio: validar a teoria que estudamos sobre a transversalidade da área de pessoas e mensurar sua aplicação prática.

Definidos os resultados, focamos na construção das sessões e ferramentas.

Começamos com autogestão: desenvolver o autoconhecimento e a complementaridade das equipes é fundamental, pois todos temos áreas de luz e sombra.

Coaching no DNA

Como tirar o melhor dos meus pontos fortes? Quem são as pessoas que me apoiarão na complementaridade dos meus pontos fracos?

Utilizamos para essa imersão no autoconhecimento a ferramenta PI com reflexões sobre o perfil considerando:

- A essência (*self*) – qual meu talento?

- A percepção do ambiente (conceito de *self*) – o que o ambiente está me exigindo? Por que tenho essa percepção? Essas percepções são reais? Quais crenças estão sendo criadas ou reforçadas?

- A atuação (síntese) – como trago esse perfil para a prática? Que comportamentos nossa cultura está reforçando? Esse é um facilitador para o alcance dos objetivos esperados para a empresa, área e função? O nosso individual está contribuindo para o crescimento e as metas do grupo? A premissa inegociável e respaldada pelos valores: o nós é mais importante do que o eu.

O desafio foi fortalecer as diferentes forças da equipe para que, de forma complementar, funcionem como um diferencial competitivo. Esse foi o fio condutor de todo o primeiro ciclo, que permeou as etapas e os discursos da liderança e da comunicação.

As sessões

Nas sessões, alinhamos o investimento no potencial (conteúdo e ferramentas) e no autoconhecimento, remetendo às etapas do módulo de autogestão, a fim de identificarmos quais elementos da personalidade de cada um interfeririam (facilitando ou dificultando) na aplicação desse conteúdo.

Entre as sessões, foram estimulados a aplicação; o aprendizado pela experiência, com a criação de ambientes para compartilhamento; e a construção, a partir dos parâmetros e valores da empresa.

Foram gerados ambientes de aprendizagem, que resultaram em ações como a revisão de processos, etapa que nos daria velocidade para atuação. No último módulo desse primeiro ciclo – comunicação, *feedback* e *feedforward* –, encerramos com as ações que poderiam ser realizadas no evento de maior produção da empresa, o *Black Friday*. Uma verdadeira prova de fogo.

Você se lembra do resultado esperado do projeto? A mudança de comportamento deveria gerar um resultado financeiro mensurável.

Confesso que bateu um medo inicial, então, fazer o quê? Seguir em frente com medo mesmo, afinal, tenho um lema: missão dada, missão cumprida!

Deu para sentir o clima?

Nesse ambiente de prazer e aprendizado, sempre desafiando o

Renata de Araujo Santana

temor de errar, arriscamos fazer diferente e fortalecemos uns aos outros. Criamos lemas que viraram *hashtags*: #juntossomosmelhores e #juntossomosfortes. E atravessamos com leveza essa etapa de alta complexidade e estresse. O sucesso dependia da contratação de transportadoras externas, que precisavam ter a mesma sinergia e clareza da demanda da empresa.

Por meio da complementaridade com a equipe, foram criadas estratégias vinculando as áreas de produção e transporte. Envolvemos fornecedores, terceiros e as áreas transversais que sustentaram a operação (pessoas, TI, compras, vendas, financeiro e áreas de apoio).

Planejamento executado, ações alinhadas, momento de praticar; lembrando que aprendemos que a alta produtividade é decorrente de liberarmos o potencial (conhecimento, habilidade e atitude) a partir da diminuição das interferências (internas e externas). Tudo isso para gerar um ambiente de aprendizagem coletiva, prazeroso, com entrega acima do esperado.

Vieram os resultados

Esse ambiente de aprendizagem foi construído por meio de ações que fizeram a diferença no clima. O uso de música manteve a alegria, o ritmo. Chegamos a identificar pelas câmeras internas pessoas dançando durante a separação das mercadorias. À medida que o cansaço começava a chegar, havia um serviço de massagem para relaxar, recarregar as energias e prosseguir.

E imagino que você deva estar pensando: ok, mas qual foi o resultado prático?

A *performance* logística melhorou 63%, as entregas superaram as expectativas e o melhor: mantiveram-se consistentes e em tendência crescente.

Quebrando paradigmas

Este caso de sucesso nos mostra a quebra de alguns paradigmas:

- O *coaching* empresarial realizado por um profissional interno da área de gestão de pessoas;

- A construção da alta *performance* por meio do processo de *coaching* em grupo, relativamente curto e focado, utilizando a seguinte divisão do tempo: 10% em sala de aula, 20% por meio de compartilhamento com a equipe e 70% em prática no local de trabalho;

- A manutenção da relação de confiança construída, mesmo após o término do projeto.

Coaching no DNA

Dica de ouro: a construção da alta *performance* é um ciclo de autossuperação, e precisa ser conectada com o sonho e sentido individual de cada profissional. A partir daí sonhamos juntos!

E qual foi meu maior aprendizado, já que usamos tanto essa palavra aqui no texto?

Acreditar que, quando fazemos com amor e intenção positiva genuína, executamos com competência. Um bom propósito gera essa fluidez, que transforma ambientes e vidas, inclusive a minha.

Por isso, convido você, leitor, a conectar-se com o seu melhor, a criar o seu sentido e a gerar conexões. É dessa forma que transformamos ambientes, contextos e pessoas.

Um sonho que se sonha junto se torna realidade!

No segundo e último ciclo do programa de *coaching* empresarial, desenvolvemos tópicos mais avançados para a construção da alta *performance*: definição de objetivos, organização, priorização, gestão da procrastinação, finanças pessoais, hábitos de alta *performance* e disciplina. Mas isso é assunto para o próximo volume do livro *Coaching no DNA*.

Referências

BUCKINGHAM, Marcus; CLIFTON, Donald. *Descubra os seus pontos fortes*. Rio de Janeiro: Sextante, 2011.

BUCHARD, Brendon. *O poder da alta performance*: os hábitos que tornam as pessoas extraordinárias. Rio de Janeiro: Objetiva, 2018.

GALLWEY, Timothy. *O jogo interior do tênis: o guia clássico para o desenvolvimento mental do desempenho*. São Paulo: Sportbook, 2016.

Coaching no DNA

Capítulo 23

Como criar um plano de carreira próprio infalível

Segundo dados da Organização das Nações Unidas (ONU), até 2029 muitas profissões serão substituídas por robôs. As universidades precisarão criar novas graduações para profissões que sequer existem, e pensar no que realmente desejamos para a carreira está se tornando essencial. Neste artigo, proponho uma reflexão disruptiva, um novo olhar para a condução da vida profissional.

Thais Lima

Coaching no DNA

Thais Lima

Advogada, pós-graduada em Direito da Infraestrutura; especialista em parcerias público-privadas e contratos administrativos; gestão de projetos; e tem especialização internacional em alta *performance*. *Coach* e mentora de carreira com certificação internacional, atua criando estratégias de desenvolvimento profissional. Analista comportamental pela Florida Christian University. É terapeuta de interpretação simbólico-intuitiva pelo Instituto Auler e ativista quântica, além de ser fundadora do Instituto Sucesso com M.

Contatos
www.sucessocomm.com.br
falecom@sucessocomm.com.br
Facebook: @sucessocomm
Instagram: @sucessocomm
LinkedIn: https://bit.ly/2Npemu1
YouTube: https://bit.ly/2P49wVt
(11) 94304-4051

Thais Lima

Plano de carreira próprio?

E por que plano de carreira próprio para mulheres?

Acredito que foram algumas das perguntas que você fez ao se deparar com este capítulo, mas fique comigo, pois vou explicar.

Plano de carreira: expressão já conhecida no mundo corporativo e que pode até parecer clichê, mas que na maioria das vezes é utilizada de forma totalmente diferente da que eu abordarei aqui. Diferente pelo simples fato de que nossa vida não comporta mais pacotes previamente estabelecidos de caminhos e decisões que devemos tomar.

Contudo, antes de começar a falar sobre o plano de carreira efetivamente, é necessária uma breve contextualização de fatores históricos essenciais para a correta interpretação e relevância do tema.

Por que a história importa?

Quando olhamos para o contexto histórico da inserção da mulher no mercado de trabalho brasileiro, começamos a entender a razão de estarmos entre as pessoas com os mais elevados graus de depressão. Segundo a Organização Mundial da Saúde, o Brasil é o país com o maior índice de pessoas com transtornos de ansiedade no mundo!

Independentemente de qualquer valoração ou julgamento sobre questões de classe, sexo ou religião, precisamos concordar que nossa sociedade vem passando por uma profunda evolução. Na década de 1980, a representatividade da mulher no mercado de trabalho era de 26,6% e, nos últimos anos, esse número subiu significativamente. Em 2008 já havíamos atingido o marco de 47,4%.

Esse panorama é decorrente do modelo patriarcal que orientou a constituição da nossa sociedade. Segundo a lógica do patriarcado, homens e mulheres possuem funções diferentes na vida familiar, social e política. "A organização patriarcal não se restringia apenas à família, mas dava conta da política e da economia latifundiária e monocultora. O *pater família* autoritário dominava tudo: a economia, seus parentes, filhos e sua esposa" (ROCHA-COUTINHO, 1994).

Freyre explica que, "no sistema patriarcal, o homem possui todas as oportunidades de iniciativa e contatos diversos, limitando as oportunidades da mulher aos serviços e às artes domésticas e contato com os filhos. A

Coaching no DNA

extrema diferenciação do sexo feminino em 'belo sexo' e 'sexo frágil' faz da mulher um ser artificial" (FREYRE, 2004).

Esse modelo começou a sofrer alterações profundas quando nossa sociedade passou a fazer perguntas que já não conseguiam ser respondidas ou atendidas pelo modelo. A legalização do divórcio, mães que optaram por criar seus filhos sem um companheiro, as guerras e até as crises econômicas compõem os elementos que envolveram essas mudanças.

Porém, como eu costumo dizer para minhas clientes, isso é apenas uma pontinha de toda a estrutura que envolve a construção do nosso plano de carreira próprio e da real importância que ele tem em nossa vida.

A tríade de toda mulher

Figura: tríade das mulheres.

Ao me debruçar sobre o tema "carreira para mulheres", identifiquei que todas nós funcionamos segundo uma tríade. Na ponta dela está a cultura, formada pelo contexto histórico, mencionado anteriormente, e pelo papel da mulher na sociedade moderna. Ocorre que não temos controle sobre isso porque vem de mais de 2 mil anos. Precisamos de soluções e respostas agora. Por isso, essa é a ponta da qual não temos controle.

O segundo aspecto da tríade é sobre a margem de erro que possuímos. Nessa economia cada vez mais acelerada, infinidade de informações e acontecimentos que vivemos e recebemos a cada segundo, existe mais um elemento que não podemos controlar: a nossa constituição fisiológica e biológica.

Nós, mulheres, nascemos com uma estrutura hormonal muito específica. Embora a medicina esteja evoluindo e abrindo novas oportunidades, não podemos negar que em determinados períodos ficamos mais propensas a realizar algumas coisas, como a maternidade. Sei que muitas mulheres optam por não ter filhos, ou

Thais Lima

buscam formas alternativas, adotando, por exemplo. Mas, independentemente da maneira, o melhor período das condições biológicas para que a mulher se torne mãe coincide com a fase da carreira que mais demanda atenção e horas dedicadas. Por isso, é preciso avaliar como a maternidade se encaixa no quebra-cabeça do plano de carreira. A margem de erro está relacionada a esse aspecto, pois temos, sim, uma questão temporal que envolve decisões importantes e que, se tomadas de forma errada, podem ter consequências ruins.

Já a terceira ponta da tríade é a necessidade que temos de criar um caminho viável para realizar os sonhos. Não existe alternativa! Recorremos ao nosso jogo de cintura, à nossa intuição, à nossa criatividade, ao nosso perfil multidisciplinar e vamos criando alternativas para que as coisas aconteçam. Queremos ser felizes, queremos nos sentir valorizadas, queremos conquistar nossas coisas, queremos ser reconhecidas e, para tal, usamos todo o arsenal que temos para fazer as coisas acontecerem.

Não que os homens não façam isso, não é minha intenção provocar uma guerra dos sexos. Mas as mulheres são lembradas muitas vezes por essas características, pela habilidade de equilibrar muitas frentes e muitos papéis. O grande ponto é: a que preço?

Pagando caro pelo nosso sucesso profissional

Fazemos isso pagando com nossa saúde, não respeitando nosso corpo e nossa mente. Fazemos isso destruindo nossa autoestima, nos enchendo de culpa e de remorso por não estarmos exercendo o papel de mulheres perfeitas, de mulheres que dão conta de fazer tudo e ainda são belas.

Segundo estudo feito com pacientes terminais por uma enfermeira australiana, os dois principais arrependimentos das pessoas são:

- Não terem tido coragem de fazer o que realmente queriam e não o que os outros esperavam que fizessem;
- Não terem trabalhado um pouco menos.

Motivada por essa reflexão, por ter batido muito a cabeça sozinha e por ter vivido parte dessas situações, pessoal e profissionalmente, comecei a investigar formas de ajudar outras mulheres a não precisarem passar pelo que passei. E qual é a solução?

Construindo o seu plano de carreira próprio

De acordo com pesquisa realizada em 2012 (ANDRADE), 50% das mulheres reportavam que não tinham apoio de um profissional para auxiliar nas tomadas de decisão sobre carreira. Além disso, na mesma pesquisa, 40% das entrevistadas reportavam que o RH também não auxiliava o profissional na tomada de decisão sobre carreira e 30% informam que isso sequer é tratado de forma institucional.

Coaching no DNA

Por isso, acredito na força, na importância e no diferencial do *coaching*. O ponto-chave de todo esse processo começa com algo que o *coaching* nos ensina: o poder das perguntas. A construção do seu plano de carreira próprio começa com o questionamento do que realmente quer e espera da sua carreira. Qual o sentido e significado que o trabalho tem para você, para a sua vida?

E é muito importante lembrar que aqui não há certo ou errado. Existe o que faz sentido para você. Para algumas pessoas, a atividade profissional é vista como um simples meio de fazer dinheiro e satisfazer suas necessidades, o que chamamos de emprego. Já a expressão "trabalho" é mencionada como uma forma de criar sua satisfação pessoal e tem relação com o que deseja para a vida.

Pesquisas indicam que a maior parte das mulheres olha para sua carreira como um trabalho, com o objetivo de atingir felicidade, realização, reconhecimento, desafio e aprendizado. Dessa forma, eu lhe pergunto: qual o seu estilo de trabalho? Qual você gostaria de ter em seu dia a dia? Como quer que seja sua rotina? Quais mercados ou empresas favorecem a realização dessa rotina? Quais favorecem seu estilo de trabalho? Qual é a trajetória que quer construir para a sua vida? E como sua vida pessoal e profissional estão presentes nessa trajetória?

Para ajudá-la nessa investigação, eu gostaria de ensinar mais sete perguntas muito poderosas de uma técnica chamada 5W2H. As perguntas são:

1. O que você quer?
2. Por que você quer?
3. Com quem?
4. Como você quer?
5. Quando você quer?
6. Onde você quer?
7. O quanto você quer?

Isso feito, você começa a construir realmente seu plano de carreira próprio. Mas lembre-se: essas respostas devem ser dadas da forma mais honesta possível consigo. Esqueça, por um momento, os sonhos dos seus pais ou familiares e também a preocupação financeira. Olhe para si, a seus desejos, aos sonhos de quando era apenas uma garotinha e se permita sonhar. Somente aquilo que o cérebro consegue ver pode se realizar.

Agora é hora de preparar o seu plano de ação. Uma das referências mundiais em alta *performance* me ensinou: sonhar sem um calendário é pura enganação. Para que esse plano de ação possa ser realizado de forma alinhada com tudo o que você acabou de responder, estruture seu plano de ação de acordo com estes cinco passos:

Thais Lima

Passo 1: meu posicionamento

No seu posicionamento, defina qual é seu estilo de trabalho. Por exemplo, diga se gosta de trabalhos em equipe ou se valoriza a diversificação, se prefere trabalhos mais tradicionais ou se gosta de inovação. E por aí vai.

Depois disso, avalie qual é o passo que você quer dar em sua carreira. Avalie a trajetória de cargos e salários combinando com o estilo de vida que você deseja. Quer um trabalho perto de casa? Em que tipo de cidade gostaria de morar? Para você é importante *home office* ou horário flexível?

Segundo estudo da Organização Internacional do Trabalho (OIT), 48% das pessoas escolheram a flexibilidade diária como forma de benefício e conciliação para as políticas empresariais.

Passo 2: minhas habilidades

Definidas as informações sobre seu posicionamento, está na hora de avaliar suas habilidades técnicas e comportamentais. O que você já tem para seguir nessa carreira que deseja? O que precisa ter? O que será considerado um diferencial?

Importante! Não deixe de avaliar as competências comportamentais. Em estudo divulgado pela ONU e consultorias ao redor do mundo, as competências mais desejadas pelo mercado de trabalho são: comunicação, resolução de problemas, atenção aos detalhes, pensamento digital e poder de adaptação.

A partir disso, faça a análise do investimento, do tempo, da energia e do retorno que você poderá obter, e defina onde investir primeiro.

Passo 3: minha estratégia

Com tudo isso em mãos, você já está pronta para definir seus próximos passos.

Desenhe sua estratégia para atingir os objetivos. Estabeleça prazos, divida a grande meta em pequenas metas e monitore com frequência sua evolução. É normal termos que recalcular a rota de vez em quando, mas mais importante que a velocidade é a direção.

Passo 4: como vou me articular

Entender as pessoas que estão envolvidas, fazer acordos com a família e entender quem é importante nessa trajetória se faz essencial para desenvolver a sua estratégia.

Estamos na era da globalização, da comunicação em rede. Fale com os outros, peça ajuda, comunique suas intenções para quem possa colaborar nesta caminhada e saiba qual é o seu mapa de poder pessoal.

Coaching no DNA

Relacionar-se e influenciar pessoas, de forma positiva e construtiva, faz parte da jornada.

Passo 5: qual a configuração mental que eu devo ter

Por último, cuide dos seus pensamentos e da maneira com que enxerga cada situação vivida. Nosso cérebro tem a capacidade de transformar as situações em verdadeiros pesadelos.

Foque em como quer se sentir ao final dessa jornada, em por que será importante ter sua carreira, em quem terá orgulho de você e, principalmente, em por que você mesma terá orgulho. Saber quais são seus medos e receios, e estar preparada para lidar com eles, é fator decisivo ao seu sucesso.

Abaixo, deixo um pequeno quadro para auxiliá-la nesse processo:

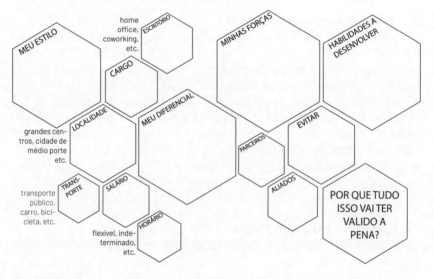

Boa jornada!

Coaching no DNA

Capítulo 24

Estratégias de *coaching* para o sucesso profissional

Neste capítulo, você encontrará um conteúdo que o orientará a traçar estratégias para atingir o sucesso profissional por meio da busca do autoconhecimento, propósito de vida e ferramentas que o auxiliem nesta caminhada. Boa leitura!

Thalita Lopes

Coaching no DNA

Thalita Lopes

Psicóloga graduada pela UNIRV (2012), com MBA em gestão de pessoas por competência (IPOG). *Coach* certificada pela Sociedade Latino Americana de Coaching. Analista disc comportamental certificada pela Atools International. Atua na área organizacional com experiência nos subsistemas de RH, com maior ênfase em recrutamento e seleção; treinamento e desenvolvimento. Mapeamento de perfil para carreira. Responsável por desenvolver um programa de capacitação de líderes com foco em competências.

Contatos
thalita.psirv@gmail.com
(64) 99247-8523

Thalita Lopes

Muitas pessoas têm dificuldade de traçar metas e objetivos profissionais de curto, médio e longo prazo. A falta de autoconhecimento é um grande fator de influência negativa na busca do sentido para a vida, e esse processo pode ser um divisor de águas para direcionar a carreira ao sucesso.

Quando analisa sua trajetória profissional, você se sente orgulhoso(a)? Acredita que atingiu o patamar esperado ou que está no caminho certo para que isso aconteça? Sente-se motivado(a) e tem satisfação em acordar para ir trabalhar? Ou detesta as segundas-feiras e reclama, constantemente, da empresa em que trabalha?

O poder do autoconhecimento

Quando se tem uma boa percepção de si, a possibilidade de fazer escolhas assertivas e pontuais aumenta. Consciente de suas características de personalidade e comportamento, o indivíduo pode seguir por caminhos mais pertinentes.

Existem várias opções para conquistar o tão desejado autoconhecimento, como leitura e aplicabilidade de livros de autoajuda, psicoterapia ou processo de *coaching*.

Augusto Cury evidencia que a gestão da emoção é a base para o bom desempenho profissional e pessoal.

Aprender a identificar e lidar com as próprias emoções pode modificar o cenário da sua vida. Ao compreender quem somos e como nossas emoções influenciam nossos comportamentos, nos tornamos capazes de monitorar e moldar as atitudes para que nos auxiliem no alcance de metas.

O processo de *coaching* para o alcance de metas

O *coach* é o profissional que conduz, o *coachee* é o cliente que busca o processo, e o *coaching* é o conjunto das técnicas e sessões.

O processo de *coaching*, geralmente, é estruturado em dez sessões que promovem o autoconhecimento e autodesenvolvimento do *coachee*, proporcionando uma alta *performance* para o alcance da meta desejada.

Muitas pessoas, durante ou após o processo, abandonam carreiras em concursos públicos ou rotinas de escritório, para apostar em algo totalmente novo, que esteja relacionado com a sua essência e metas.

Coaching no DNA

Essa mudança acontece quando conseguimos nos conectar com o que, literalmente, proporcione significado a nossa vida.

Quando a sua meta de carreira está clara, o processo de *coaching* o conduzirá com maestria nesta caminhada. E se porventura você não souber o que deseja, o processo o auxiliará a descobrir.

Propósito e realização profissional

É possível conquistar uma carreira de sucesso e ainda ter qualidade de vida para curtir a família, os amigos e ter uma vida social. O primeiro passo para que isso aconteça é descobrir qual o seu propósito, o que o motiva a levantar todos os dias de manhã para trabalhar.

Segundo Cortella (2017), tem se tornado comum no ambiente organizacional a indagação sobre a importância de um propósito. A maioria das pessoas está em busca de um trabalho ou carreira que traga uma satisfação que vá além da remuneração salarial, e que também proporcione reconhecimento e valorização pessoal.

Atualmente, as pessoas trabalham buscando algo além das necessidades básicas ou financeiras. Buscam o que combina com sua essência ou missão de vida, como tratam alguns autores. A sociedade atual voltou o seu olhar para o indivíduo, mudando o foco das necessidades para a "realização".

Losier (2017), por meio de estudos, descreveu uma lista das 30 necessidades de realização mais importantes para as pessoas. São elas:

Aprovação;	Influência;	Diversão;
Atenção;	Integridade;	Importância;
Autonomia;	Intimidade;	Inclusão;
Aventura;	Justiça;	Individualidade;
Comunidade;	Liberdade;	Segurança;
Conexão;	Liderança;	Singularidade;
Contribuição;	Poder;	Sucesso;
Controle;	Prestígio;	Tranquilidade;
Criatividade;	Reconhecimento;	Destaque;
Desafio;	Satisfação;	Valorização.

Ele ressalta que devemos ter, no mínimo, quatro itens dessa lista para que de fato possamos nos considerar realizados. Destaca ainda que o significado das palavras escolhidas deve estar de acordo e fazer sentido com a nossa história.

Thalita Lopes

Theml (2016) afirma que os elementos essenciais para a felicidade são a realização pessoal, profissional e financeira. A realização pessoal está ligada ao propósito de vida que, consequentemente, faz com que nos tornemos indivíduos mais leves e agradáveis.

A realização profissional é estar bem com o seu desempenho, sabendo usar o seu talento na potencialidade máxima, respeitando seus valores. Pessoas realizadas profissionalmente são mais produtivas e esbanjam felicidade.

Já a realização financeira está nas conquistas materiais alcançadas que fazem com que você sinta que está no nível de vida que sempre almejou. Essa definição é singular para cada indivíduo. Independentemente do que significa para você ter realização financeira, ela é fundamental no alcance da felicidade, porque proporciona conquistas e conforto material.

Ao ter de modo claro qual a sua missão de vida ou propósito, o primeiro passo para conquistar a carreira de sucesso, após esse processo de autoconhecimento, é definir suas metas e seguir um planejamento.

Ferramentas para o auxílio da definição da meta

Estabelecer metas claras torna possível o aprimoramento de suas habilidades e disciplina, transformando a motivação em ação.

Smart (palavra em inglês que significa inteligente) é uma ferramenta conhecida para avaliar se o seu alvo é atingível. Avaliar se a sua meta é *smart* irá dar a clareza do quão alcançável ela é.

Para classificá-la como atingível, ela precisa ser: (S) específica; (M) mensurável; (A) alcançável; (R) realista; e ter (T) tempo limite.

O primeiro item avalia se a sua meta é específica. Deve ficar claro o que deseja alcançar, assim seu cérebro interpretará sem dúvida o que é importante para você. O segundo item verifica se essa meta é mensurável. A sua mente precisa de comandos claros para identificar por onde começar, caso contrário, dará espaço para a procrastinação; uma grande vilã da meta.

É fundamental avaliar se essa meta é alcançável e o quanto essa carreira é atraente para você, se "traz brilho aos seus olhos" quando se imagina conquistando-a. Além de atraente, a meta precisa ser realista. É necessário enxergar que existem meios para que a realize, mesmo que para isso precise mudar alguns hábitos ou rotinas.

Após verificar se a sua meta de carreira é *smart*, ou seja, atingível, é necessário elaborar o que precisa ser feito para conseguir alcançá-la. Anotar e colocar datas nas tarefas, que serão realizadas, auxilia nesse processo, pois assim é possível ir enxergando o quão próximo dela você está.

De modo geral, as pessoas fracassam em seus projetos por não conseguir gerir suas ações. Planejar significa, de forma prática, listar todas as

Coaching no DNA

atividades que precisam ser realizadas, organizá-las em uma sequência de prioridades, definindo datas para a concretização de cada uma.

O bom planejamento deve gerar uma visão de futuro, visar a tomada de decisão no presente que, aliada aos recursos disponíveis, acarretará enorme economia de tempo para alcançar o seu objetivo.

Além do planejamento, manter o foco é fundamental para realizar o que almeja. O diferencial do profissional de sucesso é a capacidade de planejamento, foco e disciplina. Saber identificar o que tira o seu foco é algo importante, pois assim conseguirá evitar o que o atrapalha. Buscar aperfeiçoamento também pode ser um grande aliado nesse processo.

Algumas pessoas conseguem traçar com clareza o que querem para sua carreira, mas, devido a certas distrações, não conseguem dar continuidade ao planejamento e acabam não atingindo o seu objetivo. Por isso, é importante identificar quem é o ladrão do seu tempo e da sua meta. Na tabela a seguir, encontramos alguns fatores muito comuns que, geralmente, influenciam a distração.

Festas e baladas.	Amizades que não agregam.	Só fazer o que dá prazer.
Filmes, vídeos, séries.	Jogos na *internet*.	Preguiça, falta de disciplina.
WhatsApp e outras mídias sociais.	Medo, procrastinação.	Insegurança.

Vieira (2015) afirma que devemos ter três tipos de foco para garantir o alcance de uma meta e fugir da distração. São eles:

Foco visionário – ter uma visão clara da sua meta, conseguir se imaginar realizando-a;

Foco comportamental – destinar ação, atitude em seus objetivos, seguir o seu planejamento;

Foco consistente – é a capacidade de o indivíduo manter-se conectado cognitivamente e emocionalmente à sua meta. Ter a capacidade de agir, pensar e comunicar, validando a meta.

Mantendo esses três focos em ação, os pontos de distração perdem força, porque está mais claro em sua mente o caminho que precisa percorrer para chegar aonde almeja. Precisamos condicionar a nossa mente, para que ela acredite que é possível alcançar o que queremos.

Então, para se tornar um profissional de sucesso, o segredo é saber quem você é e ter claro aonde quer chegar; ser um bom planejador e

Thalita Lopes

administrador do seu tempo; ter disciplina para não deixar distrações desviarem a sua atenção e ação do seu foco.

E aí, está pronto para colocar em prática as estratégias aqui mensuradas, encontrar-se com o seu propósito de vida e tornar-se um profissional de sucesso?

Boa sorte em sua caminhada!

Referências

CORTELLA, Mario Sergio. *Por que fazemos o que fazemos? Aflições vitais sobre o trabalho, carreira e realização*. Editora Planeta, 2016. p. 12.

CURY, Augusto. *Gestão da emoção*. Editora Benvirá, 2015. p. 8.

LOSIER, Michael J. *O propósito da sua vida*. Editora LeYa, 2017. p. 37.

THEML, Geronimo. *Produtividade para quem quer tempo*. Editora Gente, 2016. pp. 19-20.

VIEIRA, Paulo. *O poder da ação*. Editora Gente, 2015. pp. 108, 117, 118, 119.

Coaching no DNA

Capítulo 25

Inteligência emocional com *coaching*

Neste capítulo, você verá que cada pessoa possui recursos internos fabulosos que, se forem despertados, podem mudar por completo suas vidas, trazendo harmonia entre as áreas profissional e pessoal. Aprenderá o que são crenças limitantes e como ressignificá-las, ajudando-o a despertar o gigantesco poder de decisão que repousa no seu íntimo e que o tornará capaz de assumir o controle imediato do seu destino. Bem-vindo ao capítulo de inteligência emocional com *coaching*.

William Foguel

Coaching no DNA

William Foguel

Formado em tecnologia da informação; pós-graduado em desenvolvimento para WEB – UFSCar e MBA em liderança e *coaching* – Anhanguera. M*aster coach* e palestrante de inteligência emocional e alta *performance*, certificado pela Academia Brasileira de Coaching, ABRACOACHING e Polozi Coaching. Participou de diversas palestras e seminários de inteligência emocional. Membro da Associação Brasileira dos Profissionais do Coaching (ABRAP Coaching). Escritor e autor do livro *Desperte o seu leão interior*, que mostra todas as dicas e mudanças para alcançar o seu sucesso. Idealizador e proprietário do programa da TecnoCoaching, uma empresa de solução para ferramentas de sessões de *coaching*, 100% informatizado para celulares, *notebooks* e PC. Empresa participante do Programa STARTUP SP – SEBRAE e do projeto acheicoach.com.br, *site* de divulgação dos serviços de *coaches*.

Contatos
www.tecnocoaching.com.br
www.acheicoach.com.br
foguelcoaching@gmail.com
Instagram: coach_williamfoguel
LinkedIn: Coach William Foguel
Facebook: Tecnocoaching /acheicoaching

William Foguel

> "No mundo atual, não basta ser inteligente, esperto e prepa-
> rado para competir. É preciso ter calma e empatia e persis-
> tir diante das frustrações para conseguir viver bem no amor,
> ser feliz com a família e vencer no mercado de trabalho."
> Daniel Goleman

A cada dia que passa temos a impressão de que o tempo voa, que temos cada vez mais a falta de paciência, falta de empatia, falta de companheirismo. Procuramos por fórmulas mágicas que resolvam todos esses problemas, e mal notamos que, diariamente, estamos tendo a vida que merecemos! Faz sentido para você?

Antes de prosseguirmos, preciso iniciar o tema com uma citação do monge budista Thich Nhat Hanh[1]: "O presente mais precioso que podemos oferecer aos outros é a nossa presença. Quando a nossa atenção plena abraça os que amamos, eles desabrocham como flores".

Um dos principais ensinamentos do monge budista é que podemos atingir uma consciência plena se aprendermos a viver o presente, ressignificando o passado e fazendo o nosso próprio futuro. Afinal, devemos residir no momento presente, que é a única maneira de realmente desenvolver a paz em nós e no mundo.

Mas, antes de continuarmos, eu desafio você a fazer o que quer que seja preciso para ler este capítulo inteiro, ao contrário da massa de gente que desiste. Também o desafio para que use o que aprender na rotina diária. Esse é o passo mais importante de todos, para conseguir alcançar os resultados que se comprometeu a atingir.

Inteligência emocional

O termo atual mais falado nas mídias sociais é a inteligência emocional. Ele não era amplamente conhecido até que o psicólogo Daniel Goleman publicasse o livro *Inteligência emocional*, em 1995, que se tornou um *best-seller imediato*.

O QE – Quociente Emocional é o nível de sua capacidade de entender outras pessoas, o que os motiva a trabalhar em cooperação com elas. Assim sendo, de certa forma, o QE é muito mais importante e valioso do que o QI – Quociente de Inteligência.

---

1   Thich Nhat Hanh é um monge budista, pacifista, escritor e poeta vietnamita.

Coaching no DNA

Goleman descreveu um modelo de cinco pilares do que constitui o QE. Cada um envolve uma habilidade diferente na gestão e compreensão da emoção. Para o autor, a inteligência emocional é a capacidade de manipularmos nossas emoções, de forma que elas trabalhem a nosso favor e nos levem mais perto de nossos objetivos. Uma pessoa inteligente emocionalmente segue estes cinco pilares de destaque:

1- O primeiro pilar é perceber as emoções. Uma pessoa inteligente emocionalmente consegue perceber muito fácil quando está alegre, possui medo, fica triste ou com raiva. Existem praticamente quatro emoções básicas na nossa vida: o medo, a tristeza, a raiva e a alegria.

Os Studios Walt Disney, por exemplo, colocaram essas quatro emoções juntas em um filme chamado *Divertida Mente*, e ilustraram muito bem como funcionam. E a pessoa com a inteligência emocional consegue perceber isso dentro dela.

2- Já o segundo é saber lidar com as emoções, pois de nada adianta saber ou perceber que estou com medo, tristeza ou raiva e não conseguir cuidar disso. A pessoa inteligente emocionalmente passa por diversas situações de medo, tristeza, raiva, mas sempre indo para o lado positivo delas. Por exemplo, se estou triste, vejo o ponto positivo da tristeza, se tenho raiva, vou para o lado positivo da raiva, ou seja, é preciso saber fazer uma gestão dos sentimentos.

3- O terceiro é perceber a emoção dos outros. "Nossa! O meu cliente está com raiva por eu ser um empreendedor", "meu filho está com medo", "minha esposa ou meu marido está triste", ou seja, eu tenho uma percepção muito fácil do outro.

4- Aí vem o quarto, "saber lidar com a emoção da outra pessoa". Como no exemplo anterior, se o cliente está com raiva por alguma coisa que aconteceu, sei lidar com essa situação, faço ele se acalmar e resolvemos o nosso problema. Se o meu filho está com medo, consigo ajudá-lo a sair desse processo.

Note que o terceiro e o quarto pilar, se observados, são nada mais nada menos do que trabalhar muito a empatia. É perceber e contribuir com o outro.

5- E o quinto pilar, por fim, que eu acho extraordinário, é a "automotivação". Pessoas inteligentes emocionalmente são automotivadas. Elas não terceirizam a sua motivação para ninguém. Infelizmente, cerca de 80% dos brasileiros, como mostram algumas pesquisas na *internet*, não têm inteligência emocional. Eles não possuem automotivação, terceirizam-na ao governo, para os chefes, à empresa em que trabalham, e acabam não tendo inteligência emocional, arrumando sempre desculpa para uma vida medíocre.

Outro exemplo de inteligência emocional: quando eu era menino, minha mãe sempre preparava o almoço na correria, pois ela e o

William Foguel

meu pai sempre trabalharam e deram duro na vida. Certa vez, eu me lembro especialmente de uma noite, bem na hora do jantar, quando ela preparou um arroz e uma mistura (carne e saladas), desse tipo que fazemos depois de um dia de trabalho muito "puxado".

A mesa estava quase pronta, só faltava o arroz, que a minha mãe finalmente trouxe, e o colocou, parcialmente queimado, bem na frente do meu pai. Naquele momento, fiquei esperando para ver qual seria a reação dele, pois o cheiro estava forte por toda a cozinha. Ela reclamava que havia queimado, mas me surpreendi, pois tudo o que o meu pai fez foi pegar a colher e colocar o arroz em seu prato, ele sorriu para a minha mãe e perguntou como tinha sido o meu dia na escola e nas brincadeiras.

Eu não lembro do que respondi, mas me lembro de tê-lo visto colocando o arroz na boca e engolindo cada garfada, sem dizer nada e sem cara feia. Quando deixei a mesa naquela noite, ouvi a minha mãe se desculpando por ter queimado o arroz, por causa da correria, e nunca esquecerei o que ele respondeu:

— Amor, eu adoro um arrozinho queimado. – e sorriu.

Mais tarde, quando fui dar um beijo de boa noite em meu pai, perguntei se ele tinha realmente gostado do arroz queimado. Ele colocou a mão em minha cabeça, olhou nos meus braços e me disse:

— Filhote, a sua mãe teve um dia de trabalho muito pesado e cansativo, assim como eu. Além disso, um arroz queimado não faz mal a ninguém. A vida é cheia de imperfeições e as pessoas não são sempre perfeitas. Eu também não sou sempre o melhor marido, empregado ou cozinheiro do mundo!

E, logo em seguida, ele me disse:

— Filho, tem uma frase que ouvi e penso muito durante a minha vida toda: "Eu quero ser feliz ou ter sempre a razão? Naquele momento com a sua mãe, eu preferi ser feliz".

E você? Nesse contexto, qual é o seu objetivo? Ser feliz ou ter sempre a razão? Seja qual for o ambiente ou situação em casa, no trabalho, no trânsito ou em seus relacionamentos, qual tem sido a sua preferência? Ter razão ou ser feliz?

Um líder emocionalmente inteligente aprende a aceitar as falhas dos outros, porque se conhece e sabe que também tem muitas falhas, como todo ser humano. Ele sabe que pessoas boas fazem coisas ruins e fatos isolados não podem determinar quem elas são. Agora, responda verdadeiramente:

( ) Você coloca a chave de sua felicidade no bolso de terceiros?
( ) Entrega o controle de suas emoções nas mãos dos outros?
( ) É um líder emocionalmente inteligente?
( ) Conduz as emoções e reações em direção aos seus objetivos?

Coaching no DNA

Quer desenvolver a sua inteligência emocional? Tenha o resultado direto disso, desenvolva os cinco pilares, tenha a facilidade de se relacionar com os demais, mude o seu repertório de emoções próprias. Será mais fácil identificar isso nas pessoas ao seu redor.

Desenvolva a sua "autoconsciência", a capacidade de reconhecer e identificar emoções, modos e movimentos próprios, a sua "autorregulação", que é a propensão a pensar antes de agir e remover as emoções extremas do julgamento. A sua "motivação" – ter atitude positiva e uma unidade de avanço – também está incluída.

Você sabe como o enxergam? Indivíduos com alta empatia oferecerão respostas correspondentes àqueles que se importam e amam. E suas "habilidades sociais", que são a parte final do QE (Quociente Emocional), envolvem as habilidades interpessoais que as pessoas usam diariamente. Isso inclui colaboração, cooperação, gerenciamento de conflitos, influência sobre os outros e a habilidade para lidar com a mudança.

> Sempre pensamos em crenças no sentido de credos ou doutrinas e muitas crenças o são. Mas, no sentido básico, uma crença é qualquer princípio orientador, máximas, fé ou paixão que pode proporcionar significado e direção na vida. Estímulos ilimitados estão disponíveis para nós. Crenças são os filtros pré-arranjados e organizados para nossas percepções do mundo.
>
> Anthony Robbins

As crenças pessoais influenciam o comportamento individual e são responsáveis por determinar as ações de cada um. Elas são como comandos do cérebro. Quando acreditamos com convicção que alguma coisa é verdade, é como se mandássemos um comando ao nosso cérebro, sobre como representar o que está ocorrendo, e elas podem ser motivadoras ou limitantes.

Ao longo da vida, desde os primeiros anos, somos influenciados positiva e negativamente por quem está à volta, nos ama, convivemos, estranhos, professores que nos ensinam, assim como pelas situações experienciadas no dia a dia. Desse modo, formamos modelos mentais particulares e percepções a respeito do nosso mundo. Entretanto, nem sempre correspondem à realidade. E é assim que nascem as crenças limitantes.

Quando você diz a uma criança: "Viu? Eu disse que você ia derrubar! Não sabe fazer nada certo? Sai, sai, sai daqui que agora eu tenho que limpar a sua bagunça!", você está criando, aos poucos, uma crença limitante de que ela será incompetente, pois durante anos vendo, ouvindo e sentindo, isso passa a ser verdade para ela.

William Foguel

E como tirar ou eliminar uma crença limitante? Ressignificando! Quando não conseguimos alterar as experiências ruins, as palavras negativas, ditas principalmente por aqueles que amamos e admiramos, elas nos fazem criar bloqueios. Passamos a alimentar os modelos dessas pessoas, mostramos falta de respeito por outros indivíduos e acabamos agindo de forma pessimista em determinadas situações.

Uma das formas de acabar com elas: escrever todas as suas crenças limitantes e reescrevê-las de forma positiva em um papel. Outra maneira: com a ajuda de um *coach*. Eu trabalho com esse fortalecimento e ressignificação de crenças, por meio da inteligência emocional e posso ajudá-lo nesse caminho. O processo de *coaching* trabalha muito com a ressignificação para a eliminação das crenças limitantes que o impedem de alcançar o seu estado desejado. Assim, buscando sempre encontrar algo positivo, mesmo numa situação adversa, você será estimulado a eliminar suas crenças limitantes e focar em suas qualidades e possibilidades de sucesso.

Olhe para dentro de si, como estão sua autoridade e autoestima?

Como você define autoestima? Acredito que esteja pensando que ela está ligada ao sentimento de felicidade, de se sentir lindo e amado. Que tudo é bom, que é capaz de fazer tudo. Se assim for, terá capacidade, pois estará bem com você, correto? Pois bem. Sim, está certo também, mas aqui estou falando sobre acreditar em seu potencial, ver, ouvir e sentir que é aquilo que precisa ser.

Quer um exemplo? Se você é, se vê, se ouve, e sente que é um *coach* de sucesso, automaticamente estará criando a sua autoridade no assunto, ou seja, é a sua imagem interna e projetada que o torna *expert* em algo.

Você tem que acreditar, pois se começar a ter pensamentos como "não consigo", "não é verdade", "isso não é para mim", "não vão pagar esse valor", pode ter certeza de que ainda existem crenças limitantes na sua vida, então, volte às crenças para eliminá-las e ressignificá-las. A partir de agora, aproveite para refletir sobre o que pode fazer por você, e lembre-se:

Se você se mantiver fazendo o que sempre fez, continuará conseguindo o que sempre conseguiu. Para a sua vida melhorar, primeiro deve mudar a sua atitude e acreditar em seu potencial. Desejo uma excelente harmonia familiar, profissional, e o bem-estar de todos os seus, hoje e sempre, e que Deus os abençoe!

"O homem é o que ele acredita."
Anton Tchékhov

Coaching no DNA

Você poderá encontrar um estudo mais aprofundado no livro *Desperte seu leão interior*, de minha autoria.

Referências

FOGUEL, Israel William. *Desperte seu leão interior*. São Paulo: Editora Yolbook, 2019.

FOGUEL, Israel. *Uma mente de sucesso*. São Paulo: Editora Yolbook, 2018.

FOGUEL, Israel. *Melhorando nossa qualidade de vida*. São Paulo: Editora Yolbook, 2019.

HILL, Napoleon. *A lei do triunfo*. 36. ed. Rio de Janeiro: Editora José Olympio, 2015.

ROBBINS, Anthony. *Poder sem limites*. Editora BestSeller, 2017.

Coaching no DNA

Capítulo 26

Que tal ser mais feliz?

A autora compartilha seu aprendizado sobre a ciência da felicidade, como viver uma vida prazerosa e significativa e ser mais feliz. Demonstra os benefícios da felicidade, encorajando a mudança no comportamento e a forma de apreciar a vida. Convida o leitor a aceitar sua biografia e viver a felicidade que está dentro de cada ser.
Então, que tal aprender a ser mais feliz?

Yara Furbino

Coaching no DNA

Yara Furbino

Graduada em Ciências Contábeis e Administração de Empresas, com especialização em MBA em Gestão Empresarial, pela FGV. Atuante como docente, *practitioner* em PNL, *personal, professional, career and executive coach* pela Sociedade Brasileira de Coaching (SBC). *Coach* de grupo e equipe pelo Instituto Brasileiro de Coaching (IBC). Mais de 20 anos de experiência profissional como executiva em empresa de grande porte, na área de Gestão de Recursos Humanos: Recrutamento, Treinamento e Desenvolvimento, Remuneração, Clima Organizacional e Engajamento, Competências, Folha de Pagamento, Benefícios, Saúde e Qualidade de Vida. Membro de Comitês de Conduta Ética; Gestão de Pessoas, Editoração de Jornal Institucional e Propriedade Intelectual.

Contatos
yfurbino@gmail.com
WhatsApp: (31) 99124-5987
(31) 3842-2267

Yara Furbino

A responsabilidade pelo direcionamento da minha vida suportada pela esperança de uma vida de significado começou muito cedo, na verdade, precocemente. Nasci e vivi a primeira infância, até os seis anos de idade, na zona rural. Antes mesmo de completar sete anos, meus pais me enviaram para a cidade para morar com parentes para eu estudar. A separação foi difícil. Senti tristeza, dor e muita saudade. Investir na educação objetivando um futuro melhor para a filha foi o propósito dos meus pais. Diante dos acontecimentos ocorridos, desenvolvi uma inteligência emocional que me deu suporte para enfrentar os mais penosos desafios e alimentar uma crença fortalecedora de que o homem se transforma por meio da educação.

Lembro-me da minha professora do terceiro ano primário, a tia Célia, que um dia me escreveu: "Yara, a educação é a chave que abrirá as portas de sua vida". Guardei esse bilhetinho por anos, ficando armazenado em minha mente, direcionando minhas ações, conquistas e vitórias até os dias atuais.

Desse modo, vivenciei as dificuldades financeiras enfrentadas pelos meus pais para educar e estudar seis filhos com os frutos da atividade de uma pequena propriedade rural. Muitas vezes, pensei: "Ah! Se tivéssemos um pouquinho mais de dinheiro, seríamos tão felizes". Em outra época, uma amiga me disse que era muito feliz com sua rotina, cuidando da casa, do marido e dos filhos. Eu continuava desacreditando da felicidade e pensava em como ela poderia ser tão feliz, levando uma vida tão simples.

Evoluímos a cada dia e o processo de *coaching* nos ajuda a enxergar isso. Aprendi a enfrentar os desafios, honrar minha história, mudar meu pensamento, perceber valor e significado em pequenas coisas da vida. Fortaleci minha espiritualidade e encontrei a felicidade dentro de mim.

Além disso, pude ingressar no mercado de trabalho antes mesmo dos 18 anos, custeando minha faculdade, de maneira que minha rotina era trabalhar durante o dia e estudar à noite. Constituí minha própria família, que é meu porto seguro, que dá sentido à minha vida e me inspira a acordar todos os dias a fazer o que faço. Cuido diariamente dessas relações, aceitando as divergências de pensamento e equilibrando a vida profissional. Amo meu trabalho e por meio dele

Coaching no DNA

compartilho meu conhecimento, promovendo o desenvolvimento das pessoas, gerando prosperidade e contribuindo para uma sociedade mais justa, fraterna e humanizada.

É importante frisar que um dos primeiros passos para a felicidade é aprender a honrar e aceitar sua história de vida, perdoar, estar disposto e querer mudar e cuidar dos relacionamentos. Convido-o a refletir sobre o que o trouxe até aqui. Quais foram os desafios superados? Quais foram os aprendizados? Seja qual for sua história, ela é única e exclusiva, pertence a você, a mais ninguém. Herdei a força do meu pai e a ternura da minha mãe, me sentindo honrada com esse DNA.

Pode-se dizer que a felicidade sempre permeou os anseios da sociedade. Aristóteles (322 a.C.) afirmava que a felicidade é um estilo de vida na qual o ser humano precisa exercitar constantemente o melhor que tem dentro dele; que a maior virtude de nossa alma racional é o exercício do pensamento, o que aproxima o ser humano da divindade.

No passado, domínio dos filósofos e dos sonhadores idealistas. No presente momento, uma ciência, que se dedica ao estudo da teoria do desenvolvimento pessoal, estudada pela filosofia, religião e, mais recentemente, pela neurociência e psicologia, numa nova abordagem, a psicologia positiva, trazida por Martin Seligman e Mihaly Csikszentmihalyi.

Para Seligman (2011), a felicidade está relacionada a um estado de espírito positivo no presente e a uma perspectiva positiva para o futuro, correlacionando uma vida prazerosa, engajada e de significados.

É fato que todo ser humano quer ser feliz. A felicidade se popularizou. É explorada pelas campanhas publicitárias, nas quais os produtos e serviços ofertados garantem a tão almejada felicidade. As redes sociais criaram os *emojis* para comunicarmos nosso estado de felicidade. As empresas querem pessoas felizes. Os trabalhadores procuram locais de trabalho onde se sintam felizes.

A ONU instituiu, no dia 20 de março, o Dia Mundial da Felicidade, objetivando chamar a atenção dos países para a questão da erradicação da miséria, pobreza e fome. O estudo sobre a felicidade passa a ser uma preocupação de governos, entidades e organizações de forma geral. Hoje percebo o quanto sou feliz e vivo uma vida de bem-estar por ter uma boa alimentação, moradia, saneamento básico, segurança, família, amigos e aceitação social. E você, leitor, já pensou em quanto pode ser feliz apenas por ter essas necessidades supridas?

A felicidade não é ausência de sofrimento, doença, perda de emprego ou de um ente querido, ou mesmo está ligada diretamente ao dinheiro que se tem, mas está relacionada à capacidade de superação dos desafios e obstáculos da vida, nutrindo bons sentimentos e cultivando emoções positivas. Milhares de trabalhos e estudos indicam

Yara Furbino

que podemos reduzir a depressão e aumentar a felicidade, mudando propositalmente nossos padrões de pensamentos. Para Achor (2012), autor de *O jeito Harvard de ser feliz*, ser feliz não é acreditar que não precisamos mudar, é perceber que podemos.

Desse modo, é preciso promover mudanças, descobrir se o que lhe dá prazer está conectado com seus valores. A felicidade é um estado que precisa ser preparado, cultivado e preservado. O cuidado com sua saúde é primordial: fazer um levantamento de sua alimentação, hábitos de sono, condicionamento físico e mental para assegurar o que deseja. Ao praticarmos exercícios físicos, produzimos a serotonina, que é neurônio estimulador do humor. Então, se você quer ser feliz, tem que erguer e desafiar seu corpo e sua mente. Como estão seu hábito alimentar e seu sono? No que você está pensando? Que mudanças precisam ser feitas? Você vem desafiando seu corpo e sua mente?

Com frequência agimos no nosso piloto automático e fazemos as coisas sem prestar atenção. Nosso pensamento está longe, não percebemos o momento presente. Abordamos uma situação sem avaliar e sem julgar nossos pensamentos e emoções da vivência interior. É necessário sintonizar nossos pensamentos, livrando-nos de pensamentos inúteis e sentimentos complicados. Ao invés de lutar para nos livrar de pensamentos negativos e nocivos, podemos aprender a mudar nossa relação com eles, tirando poder deles, deixando-os surgir e desaparecer sem ficar presos a eles, aceitando-os como naturais. Pergunte a si próprio: será que esses pensamentos me ajudam a ser a pessoa que quero ser, viver a vida que quero viver, fazer as coisas que quero fazer? Agora repita: tenho notado que estou tendo pensamentos, será que eles me ajudam a ser a pessoa que eu quero ser, a viver a vida que quero viver, a fazer as coisas que quero fazer?

O que aconteceu? Os pensamentos começam a se distanciar da mente e perdem o impacto.

É preciso fazer uma limpeza interior, nos livrando de ressentimentos e rancores perturbadores. É mais fácil ficarmos na autodefesa, nos colocando no lugar de vítimas, tramando vingança, procurando humilhar o ofensor. Ficamos feridos, consequentemente ocorrem aumento da pressão, doenças cardíacas, aumento do nível do cortisol. Um ressentimento em relação a outra pessoa torna-se um ressentimento ou rancor contra nós mesmos e um veneno para a mente. O antídoto para esse veneno se chama perdão.

Podemos dizer que a prática do perdão é maravilhosa. É uma forma poderosa de autocura e é a mais desafiadora de ser praticada. Perdoar é ser capaz de enxergar o ofensor com compaixão e libertar-se de ressentimentos e rancores que nos impedem de exercitar o melhor de nós. É necessário perdoar o ofensor e a si mesmo.

Coaching no DNA

Em minhas sessões de *coaching*, o primeiro exercício que atribuo a meus *coachees* é exercitar o perdão. Assim, proponho que faça uma reflexão: feche os olhos e descubra – quem você precisa perdoar? Que tal praticar uma ação de perdão? Você verá a força que encontrará para seguir em frente.

Realizada a faxina mental, é preciso resgatar um pouco do que está dentro de nós. Temos valores que alimentam nossas crenças, que direcionam nossas ações e nos dizem por que fazemos as coisas que achamos que devíamos fazer. Veja alguns valores: realização, coragem, saúde, reconhecimento, honestidade, respeito, independência, integridade, sucesso. Assim, pense e relacione: quais são seus principais valores?

Possuímos também forças pessoais, advindas do nosso caráter. As forças e virtudes universais foram estudadas por filósofos, samurais e religiosos, como Confúcio, Aristóteles, Santo Tomás de Aquino, e mais recente pela psicologia positiva, na tentativa de compreender melhor a felicidade e o bem-estar da humanidade. Minhas forças estão na esperança, amor, prudência e perseverança. Qualquer ser humano traz consigo as virtudes da sabedoria, coragem, amor e humanidade, justiça, moderação e espiritualidade. Agora, convido-o a refletir. Pense! Quais são as forças que o impulsionam na vida? Quais delas você carrega consigo?

Outro fator importante para a felicidade é sermos aceitos pelas pessoas e nos sentir engajados socialmente. Faz bem quando estamos com pessoas felizes e somos aceitos por elas. A felicidade é contagiante. O simples fato de você dar um bom dia, um sorriso para alguém, abre um canal de comunicação e uma energia poderosa que atrai as pessoas.

O maior estudo sobre a felicidade realizado por Harvard, ao longo de 75 anos, atualmente conduzido por Robert Waldinger, concluiu que a felicidade não está na riqueza, na fama, no trabalhar mais e mais, mas, sim, ocorre nas pessoas conectadas socialmente, que se sentem acolhidas de afeto, e que nutrem bons relacionamentos com a família, os amigos e a comunidade. Ao contrário, quem vive isolado ou com relações conturbadas, desprovido de afeto, tem uma saúde ruim e seu cérebro se deteriora mais rápido, com maior propensão à demência.

Precisamos das pessoas muito mais do que percebemos. Em 80% das horas que passamos acordados, estamos com os outros. Assim, comece a sentir o quanto estar com outras pessoas o faz feliz. Você vem nutrindo amizades prazerosas? Quantos amigos tem? Qual é a qualidade de sua relação com a família? Com o vizinho? Qual impacto tem causado? Você vem praticando o bem?

Estudos relatados por Anthony Grant, no livro *A ciência da felicidade* (2013), comprovam que praticar atos espontâneos de bondade e sentir

Yara Furbino

compaixão pelo outro também contribuem para o estado de felicidade. Doar um pouco de si, gastar dinheiro com o outro, realizar trabalhos de caridade nos fazem mais felizes. Que tal se doar aos outros, investindo nas relações? Pode ser uma visita a um amigo ou a um ente querido.

Nossas realizações também contam como um importante fator da felicidade. O trabalho é dignificante para o ser humano. Evoluímos, nos transformamos e geramos prosperidade e riqueza por meio do trabalho. Ele dá significado e propósito à vida. É por meio dele que desenvolvemos e praticamos nossos dons e talentos. Procure fazer aquilo que lhe dá prazer. Qual é o significado que vem atribuindo ao seu trabalho? Como você pode melhorar sua percepção com relação ao sentido do seu trabalho?

No caminho da felicidade, aprendi a praticar a gratidão e a elevar a minha espiritualidade. Assim, a vida passa a ter sentido e significado. A gratidão é um estado de agradecimento e apreciação. A ciência mostra benefícios claros da gratidão. Ela é capaz de elevar nosso astral, bem-estar, crescimento pessoal, autoaceitação e relacionamentos positivos.

Recomendo praticar o desafio da gratidão por 21 dias, baseado no livro *A magia*, de Rhonda Byrne (2014). Comece a anotar diariamente pelo que você é grato. Anote a cada dia, inicialmente, dez coisas pelas quais tem gratidão e por qual motivo. Aos poucos vai se dando conta da imensidão de coisas que tem a agradecer.

Somos intelecto, energia, corpo, coração e alma. Os desafios e obstáculos são para a nossa evolução. Deus nos criou com o propósito de amar e servir à humanidade. Conectando-nos com o divino, a vida passa a ter sentido e passamos a vivenciar uma felicidade plena.

Assim, incorporei o *coaching* a meu DNA, aprendi que a ciência nos ensina a viver uma vida feliz e que depende de mim viver uma vida prazerosa, engajada e de significado. A minha gratidão a você, leitor, e às pessoas que fazem parte de minha história. Enfim, que tal tomar uma decisão, mudar o comportamento e ser mais feliz a partir de agora?

Referências

ACHOR, Shawn. *O jeito Harvard de ser feliz*. São Paulo: Saraiva, 2012.

BYRNE, Rhonda. *A magia*. Rio de Janeiro: Sextante, 2014.

GRANT, Anthony. *A ciência da felicidade e como isso pode realmente funcionar para você*. São Paulo: Fundamento Educacional Ltda., 2013.

SELIGMAN, M. E. P. *Florescer: uma nova compreensão sobre a natureza da felicidade e do bem-estar*. Rio de Janeiro: Objetiva, 2011.